中小型企业
绩效管理辅导落地

李桂贤 著

沈阳出版发行集团
沈阳出版社

图书在版编目（CIP）数据

中小型企业绩效管理辅导落地 / 李桂贤著 . -- 沈阳：沈阳出版社，2024.10

ISBN 978-7-5716-3850-4

Ⅰ.①中… Ⅱ.①李… Ⅲ.①中小企业—企业绩效—企业管理 Ⅳ.① F276.3

中国国家版本馆 CIP 数据核字 (2024) 第 053554 号

出版发行：沈阳出版发行集团 ｜ 沈阳出版社
　　　　　（地址：沈阳市沈河区南翰林路 10 号　邮编：110011）
网　　址：http://www.sycbs.com
印　　刷：河北万卷印刷有限公司
幅面尺寸：170mm×240mm
印　　张：14.75
字　　数：252 千字
出版时间：2024 年 10 月第 1 版
印刷时间：2024 年 10 月第 1 次印刷
责任编辑：赵秀霞
封面设计：寒　露
版式设计：寒　露
责任校对：郭亚利
责任监印：杨　旭

书　　号：ISBN 978-7-5716-3850-4
定　　价：98.00 元

联系电话：024-62564911　24112447
E－mail：sy24112447@163.com

本书若有印装质量问题，影响阅读，请与出版社联系调换。

目录 contents

第一章 中小企业的绩效管理情况 …………………………… 001
- 一、绩效管理认知 ………………………………………… 001
- 二、绩效管理实施 ………………………………………… 004
- 三、绩效管理的困境 ……………………………………… 013
- 四、常见的绩效考核方式 ………………………………… 015

第二章 绩效管理在中小型企业中的作用 …………………… 018
- 一、组织目标设定 ………………………………………… 018
- 二、绩效管理夯实管理基础，推动企业发展 …………… 023
- 三、绩效管理为其他机制提供参考依据 ………………… 026
- 四、绩效管理解放企业家，分解压力 …………………… 036

第三章 绩效管理落地前准备 ………………………………… 038
- 一、企业诊断的考虑因素 ………………………………… 038
- 二、企业管理水平四大阶段 ……………………………… 040
- 三、战略的梳理 …………………………………………… 045
- 四、经营计划的实施 ……………………………………… 052

五、年度计划的实施 ································· 060

　　六、年度考核的实施 ································· 064

　　七、各部门管理人员的分工 ··························· 066

　　八、绩效的提取 ····································· 067

　　九、月度绩效的实施过程 ····························· 070

第四章　绩效管理实施第一阶段 ··························· 071

　　一、月初谈目标 ····································· 071

　　二、月中做绩效辅导 ································· 075

　　三、月末绩效考核 ··································· 102

　　四、复盘 ··· 108

第五章　绩效管理实施第二阶段 ··························· 112

　　一、月度运营会的召开 ······························· 112

　　二、绩效管理实施过程中出现的问题 ··················· 113

　　三、绩效管理落地的难点 ····························· 127

　　四、绩效管理实施第三阶段和第四阶段 ················· 129

第六章　不同规模企业绩效管理的实施 ····················· 132

　　一、1—20人的企业绩效管理如何实施 ·················· 132

　　二、20—50人的企业绩效管理如何实施 ················· 135

　　三、50—100人的企业绩效管理如何实施 ················ 140

　　四、100—200人的企业绩效管理如何实施 ··············· 158

　　五、200—500人的企业绩效管理 ······················· 172

　　六、500人以上企业绩效管理实施 ······················ 172

第七章　绩效管理与人才培养关联 ·············· 175
　　一、管理者培养计划 ························ 176
　　二、与绩效薪酬关联 ························ 188
　　三、薪酬设计方法 ·························· 198

第八章　绩效管理与企业文化关联 ·············· 216
　　一、绩效管理与企业文化现状 ················ 216
　　二、企业文化共识 ·························· 216
　　三、波峰浪谷图 ···························· 218
　　四、企业文化推演地图 ······················ 219
　　五、不同层级管理者的行为考核 ·············· 225

第一章 中小企业的绩效管理情况

一、绩效管理认知

根据2018年的数据，我国中小型企业的注册量超过300万家，但是这些企业平均的存活时间仅为2.3年，与集团公司的平均存活时间7—8年形成了鲜明的对比。（数据来源于《中国中小企业人力资源管理白皮书》）

2021年，全国新增注册企业超过2 780万户，比注销企业多出2 430.9万户，注销企业的数量为349.1万户。相关公开信息显示，2021年全国新增注册企业同比增长了10.94%。此外，2021年全国各类市场主体共注销了1 323.8万户，其中包括企业349.1万户和个体工商户961.9万户。在优胜劣汰机制的作用下，我国市场主体总体质量得到提升，2021年企业活跃度基本保持在70%左右。

总体来看，中国的创业环境依然是非常好的，但是中小企业的存活率仍然较低。

在当前中国经济繁荣发展的背景下，越来越多的人开始将创业作为一种职业选择。而在这些创业者中，往往存在着一种普遍的现象，即他们通常是在某个行业工作一段时间之后，觉得前景不错，便开始自主创业。这种现象得到了大量学者和研究机构的关注和探究。从理论上讲，这种"行业经验＋自主创业"模式可以带来许多好处和优势。首先，这种创业者通常具备一定的行业经验和专业技能，能够更好地把握市场需求和趋势，提高创业成功率。其次，他们通常有较强的自主性和主动性，能够更好地发掘创新机会，构建独特的商业模式。最后，他们通常具备一定的社会关系和资源，能够更好地融入市场和社会，获得更多的支持和帮助。

然而，这种"行业经验＋自主创业"模式也存在一定的缺陷和风险。首先，行业经验过于狭隘可能会导致创业方向过于单一，难以进行有效的市场拓展和产品升级。其次，个人经验和资源的局限性可能会限制企业的成长和发展。最后，这种模式可能会导致市场"同质化"现象的出现，难以提供独特的商业价值和品牌形象。

综上所述，虽然"行业经验+自主创业"模式具有一定的优势和潜力，但创业者应当在选择创业方向和模式时，充分评估自身的优势、劣势和风险。同时，政府和企业应当采取措施，提供广泛的支持和服务，帮助创业者更好地实现创业目标和提高竞争优势。然而，在这个过程中，很多创业者并没有系统地学习过企业管理，因此他们缺乏必要的管理知识和技能。虽然也有不少创业者在创业过程中逐渐学习、实践，并掌握了很多管理工具和方法，但是由于工作中的琐碎事务居多，他们难以有足够的时间和精力去深入思考和总结经验。

因此，为了提高中小企业的存活率，必须加强对创业者的教育和培训，特别是在企业管理方面。同时，政府和相关机构也要加强对中小企业的支持和帮助，提供必要的资源和服务，以促进企业健康发展。只有这样，中小企业才能更好地实现发展目标，推动中国创业环境的持续改善。

在当前市场经济的背景下，越来越多的企业开始重视员工培训，提升个人和组织的竞争力与创新力。然而，目前市场上存在着众多种类的企业培训课程，听起来都非常有用，在实施过程中也颇受欢迎。这种现象引起了大量学者和企业的关注和研究。但是很多企业家发现，员工在企业中难以将所学到的知识应用到实际工作中。这并非老师的问题，而是培训的本质就是传播知识、提高认知，而要解决问题，则需要不断地实践和创新。

当然，很多企业家已经意识到培训是解决企业问题的一种方式，但是这需要一个很长的时间。解决企业问题必须具体问题具体分析，相同的工具方法在不同企业的不同时间段的使用方式不同。当前存在的问题是，很多企业家抱着想解决企业问题的心态，认为应该找比较专业的老师来企业做落地辅导，花了钱，问题却并没有得到解决。这是当前许多企业共同面临的问题，主要原因有以下几个方面：

首先，企业家往往存在一种不切实际的期望，认为通过培训就可以解决所有问题。这种期望是不现实的，因为没有哪一个培训课程能解决所有企业的问题、满足所有企业的需要，而企业的发展需要具体问题具体分析，需要常规性、长期性的实践和创新。

其次，企业家对培训的理解和运用还不够成熟。很多企业家只是把培训作为填补自己或员工知识空缺的手段，忽略了培训的真正价值和意义。培训不仅要帮助员工掌握新的知识和技能，更重要的是要激发他们的学习热情和创新意识，培养他们的团队合作精神和问题解决能力。

最后，企业家往往忽视了培训后的落地实施，导致新学习的知识和技能难以应用到实际工作中。为了确保培训的有效性，企业家需要在培训结束后加强对员工的跟踪和辅导，及时发现问题并给予解决。同时，企业家需要营造一个学习型组织的氛围，鼓励员工不断学习、创新和实践，从而有效地促进企业的发展。

在实际的乙方企业咨询落地实施过程中，常常会遇到各种难题和困难。其中，咨询落地困难的主要原因可以归纳为以下两个方面：

第一，一些咨询公司可能并不擅长或缺乏驻场企业的经验。在企业咨询落地实施过程中，需要咨询师具备一定的企业实际经验和驻场实施能力，能够灵活应对企业内部的复杂问题。然而，有些咨询公司只是把咨询当作产品出售，缺乏对企业实际情况的深入了解和把控。因此，他们在咨询落地实施过程中可能会遇到很多困难和挑战，导致企业所投入的人力资源和财力无法得到有效利用。

第二，有些咨询公司是由曾经的咨询老师"出来创业"而成立的，专攻某个领域，比如人力资源方向的招聘咨询师（也称专家老师），并不能独立承担一个企业的咨询项目，缺乏咨询项目经理的资质。这些咨询师具有专业技能和丰富的项目经验，但是缺乏全局把控和咨询项目的整体规划能力。这意味着，他们在咨询项目实施过程中难以做好项目计划、人员调配和时间管理等方面的工作。同时，由于这些咨询师经常更换，企业在实施过程中可能会遇到咨询师缺席的情况，这会导致问题无法及时得到解决，从而影响企业的正常运营。在这种情况下，员工们可能会在企业家面前有意无意地提到咨询公司的缺陷，并提醒企业家不要寄希望于外援，否则会落得搬来"敌人"的下场。因此，中小型企业家对咨询公司的不信任也是咨询落地困难的一个原因。解决咨询落地困难问题，需要咨询公司具备足够的实践经验和能力，并且为企业量身定制咨询方案和实施计划，充分利用企业现有的资源和发挥员工的主观能动性，从而更好地实现企业的发展和提升。

目前，中小型企业家对咨询公司的信任度比较低，多半是因为他们心存侥幸，希望通过咨询公司的进驻很快提高企业业绩，而忽略了各种困难和挑战。而在选择咨询公司时，中小企业家宁愿花重金选择品牌培训公司，也不会选择小型资深咨询公司。在企业管理领域，企业家往往存在一种认知误区，即将培训等同于咨询。实际上，培训和咨询是两个不同的概念，分别对应着不同的管理需求和目标。培训是指通过课堂教学、在线课程和教学材料等方式，向企业员工传授某种知识和技能的过程。它的目的是为企业员工提供专业知识、提高技术水平，从而实现个人和组织效益的提升。培训通常是透过教学以培养学员的能力、技能和行为的过程；其重点在于知识和技能以及能力的提升和转化，而不是解决实际问题。而咨询，则是指利用专业的知识和方法，帮助企业解决实际问题的过程。咨询顾问通过对企业内部运营和管理问题的了解和分析，提供具体的解决方案，帮助企业在当前或未来实现良好的经营和发展。相对于培训而言，咨询更侧重于解决企业实际问题，为企业提供管理指导和帮助。因此，企业家不能将培训等同于咨询，因为二者之间存在着重要的区别。培训主要关注员工能力的提升，而咨询则是专注于解决企业内部的管理问题，为企业提供具体的、实际的解决方案。企业家应当理性认识培训与咨询之间的区别，根据企业实际需求和目标，选择适合的管理服务和方案，从而实现企业的长期健康发展。

二、绩效管理实施

（一）绩效 = 绩效考核

绩效管理的步骤主要包括：研究和评估企业的现状和管理目标，确定绩效管理的目标和指标，建立绩效评价体系和方法，制定绩效激励政策和方案，实施绩效管理并反馈和跟踪绩效评价结果。尽管绩效管理在中小型企业管理中被广泛使用，实际操作中却仍存在一些问题和挑战。

首先，中小型企业的管理者可能对绩效管理的真正作用和价值认识不足。

虽然绩效管理可以帮助企业实现管理目标，提升员工绩效，并促进组织变革和创新，但如果管理者没有真正理解和认识其作用和价值，可能仅仅是单纯地执行绩效考核，则难以真正实现企业管理水平的提升。

其次，中小型企业可能面临着在绩效管理实施过程中缺乏现实资源和条件的困境。相比于大型企业，中小型企业在人力、财力等方面资源限制较大，如何在实施绩效管理的过程中兼顾资源的利用和最终效果，是一个较为困难的问题。

最后，绩效管理可能存在一些操作上的困难和挑战。对于中小型企业而言，根据企业的实际情况制定合适的绩效指标、评估方法和激励政策是一个需要深入研究和磨合的过程。同时，在实施绩效管理的过程中，如何保持员工和管理者之间的沟通和合作，确保信息和数据的准确性和公正性，也是一个需要重视和解决的问题。

综上所述，对于中小型企业的企业家来说，绩效管理是一项重要的管理工作，但在实际操作中需要充分考虑企业的实际情况和特点，避免出现操作上的困难和挑战。因此，我们建议中小型企业在实施绩效管理之前需要深入研究和评估，制定合适的方案，注重绩效管理的科学性和有效性，以优化企业管理和提升企业绩效。在没有制定合适的绩效管理方案前，企业强行推行绩效考核，对企业其实并没有什么好处，对企业各方面的损伤还是很大的，早些年很多小型企业实施绩效考核方案导致企业人员流失，企业管理失衡，还有些企业甚至倒闭，其实很可惜。

研究表明，绩效管理对于提升企业的管理水平具有重要意义。然而，对于绩效管理的深入研究和掌握，却并非所有人力资源从业者都具备。在中小型企业中，专业的人力资源绩效管理和组织培训人才相对较少，大多数是单项型人才，缺乏对绩效管理等领域的深入研究和钻研。尤其是中小型企业需要更多专业化人才，但这些企业往往更偏重于招募情商高的人才。

中小型企业的管理对管理者的要求更高，要求他们更加灵活、有创新性。相对于专业型人才，中小型企业的管理者更需要具备灵活变通的能力，需要实操经验，这就为创新留下了更大的发挥空间。因此，中小型企业在提升管理水平的过程中，需要注重专业型人才的招募和培训，灵活运用专业人才与非专业人才的优势，充分发挥中小型企业的机动性和创新性。同时，企业家应摒弃"小企业不需要专业管理"的错误观念，深入思考如何优化企业管理，提高企业的核心竞争力，以应对激烈的市场竞争。

当前，许多人力资源经理为了真正解决企业问题，会不断地学习与拓展自身的知识面和技能，以提升自身的绩效表现。这种提升绩效的方式可能包含以下几个方面：

首先，人力资源经理需要通过学习和研究提高自身的知识素养。人力资源管理是一个知识密集型领域，涉及的领域广泛，包括组织行为学、心理学、劳动法律法规等众多方面。因此，人力资源经理需要持续学习和研究，增强自身的专业知识水平，以应对不断变化的市场和组织需求。

其次，人力资源经理需要提高自身的管理能力。管理能力是人力资源管理中最为关键的一个方面，它会影响整个组织的运作和效率。人力资源经理需要通过提高自身的领导力和协调能力，有效地领导团队，协调各职能部门之间的关系，确保组织目标的实现。

再次，人力资源经理需要注重沟通与协作。人力资源管理需要与众多部门和岗位进行协作，因此，人力资源经理需要具备较高的沟通和协作能力，与各种利益相关者开展良好的合作，以实现组织管理效果最大化。

最后，人力资源经理需要积极运用信息技术。随着信息技术的不断发展，越来越多的人力资源管理工作开始实现自动化和数字化。人力资源经理需要积极学习和掌握信息技术，以更好地运用信息技术来提高管理效率和执行力。

人力资源经理需要不断提升自身的知识水平和管理能力，并注重沟通合作和信息技术的运用，以不断提升自身的绩效表现，为企业的发展和变革做出积极贡献。他们的实施方法如图1-1所示。

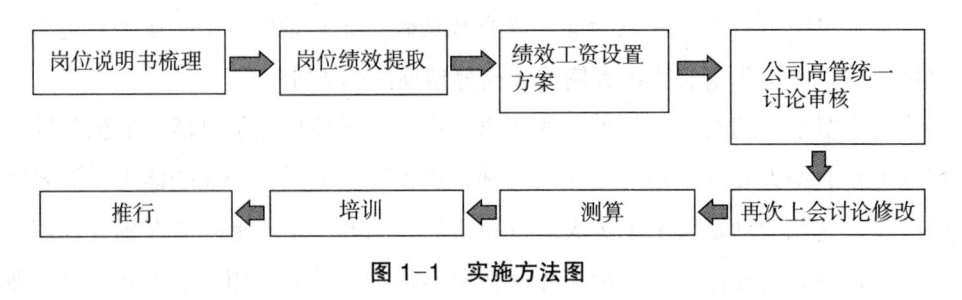

岗位说明书梳理 → 岗位绩效提取 → 绩效工资设置方案 → 公司高管统一讨论审核 ↓
推行 ← 培训 ← 测算 ← 再次上会讨论修改

图1-1 实施方法图

目前，随着越来越多的顾问进入企业，优秀的流程和方法也随之涌现。在绩效管理方面，一些企业采用了以下步骤：

第一，经营计划的研讨与设定。通常情况下，企业会使用平衡计分卡（BSC）的四个维度对公司的年度目标进行梳理并确定各重点，同时，企业会加入年度核心重点大事件以及其他关键考核因素作为公司的年度考核指标。这些指标会被纳入各部门的考核当中。

第二，从公司的年度目标分解到各个部门的年度计划，并进一步将年度计划转化为年度目标责任书。

第三，从年度计划中分解出每个部门负责人需要完成的月度绩效表，以及每个员工应当达成的月度绩效表。

第四，制定绩效考核制度、奖励惩罚机制以及相关制度，确保绩效考核的公正、公平和透明。

第五，对一些多年没有加薪的岗位或者公司普遍进行薪酬调整，并设定绩效在每个岗位的占比，以保证薪酬与绩效的合理衔接。

第六，企业需要根据新的绩效制度和新的薪酬方案对员工的实际薪酬进行模拟和核算。如果发现80%的员工薪酬没有任何变化，说明绩效和薪酬设计不合理，需要进行重新调整。如果60%的员工因为更加努力而获得更多的薪酬，20%的员工因为不努力而获得较少的薪酬，剩余的20%员工则能够获得比以往更多的薪酬，说明该绩效制度和薪酬方案相对具有挑战性。然而，如果60%的员工比以往更加努力但获得的薪酬依然较少或相同，20%的员工获得加薪，20%的员工面临淘汰，这样的方案是不可取的。企业家应该意识到绩效的本质是多劳多得，少劳少得，不劳不得，而非是为了惩罚员工。企业的初心应该是创造相对公平的职业环境，并通过激励的方式激发员工的积极性和创造力。

第七，企业在推行新的绩效考核制度和薪酬方案时需要对各部门领导进行培训，包括绩效表格的提交时间、与员工沟通的时间、绩效打分后的面谈等。通过培训，可以帮助领导更好地理解新方案的核心内容，并在实施过程中更好地应对各种挑战。

第八，介绍企业在实施绩效考核制度后需要考虑到的修改和调整，并强调绩效管理的重要性和对管理者的管理能力和公司的管理认知的提升需求。

在实施绩效考核制度的过程中，即使设计得再细致再完善，也会出现一些小问题。因此，需要在实施过程中及时发现并进行调整。企业可以通过讨论等方式对此进行决策，以确保绩效考核制度的顺利实施。

然而，绩效考核只是绩效管理的一个方面。在绩效管理中，最为核心的是管理层在使用绩效考核时能否与自己的管理行为相对应，即是否能够将管理细节与绩效考核指标相统一。这要求管理者的管理能力得到提升，并需要让整个公司的管理认知得到统一。因此，企业需要制订干部培养计划，将基层管理的岗位职责用行为体现，并用绩效考核来衡量。这样，才能够在整个公司范围内提高使用人群对于绩效管理工具的使用能力，并让不同层级的人员发挥出自身所有能力对于岗位产生最大的价值，从而提高人效和生产效率。

综上所述，通过这些步骤，企业能够建立一个完整的绩效管理制度，将公司的年度目标和岗位的核心绩效指标策略有机地结合起来，激励员工积极工作和创新，提升企业的绩效表现。企业在实施绩效考核制度后需要不断地进行修改和调整，并将其纳入绩效管理的整体框架之中。通过提升管理者的管理能力和公司的管理认知，企业能够更加有效地利用绩效管理工具，进一步提高企业的生产效率和竞争力。

（二）绩效＝销售业绩提升＝钱

绩效＝销售业绩提升＝钱。然而，事实上绩效管理的作用是给企业的业绩带来间接的提升，并非直接变现。

直接和间接之间最大的区别在于时间表现。直接效应可以立刻使业绩提升，而间接效应则表面看似乎没有产生效果，但每年都能持续增长，更具持久性。当然，业绩增长的幅度也与企业所处的阶段有很大的关系。在成长阶段，绩效管理可以使业绩增长两倍甚至更多，而在其他阶段则效果不太明显。

因此，对于微小型企业来说，绩效管理的作用需要充分认识。在实施绩效管理过程中，企业家们需要明确，绩效管理的目的并不是单纯地追求销售业绩的提升，而是提高企业内部员工的组织效能，从而提高企业绩效。此外，在进行绩效管理之前，企业需要充分了解自身所处的发展阶段和目标，才能更好地制定相应的绩效管理策略和目标。微小型企业需要充分认识到绩效管理对于企业业绩提升的间接作用，并为此制定相应的管理策略和目标。企业家们需要认识到，在不同的阶段，绩效管理的效果也有所不同。只有认真实施、合理规划，才能取得预期的绩效管理效果。

（三）绩效工资是薪酬的一部分

绩效工资呈现形式的合理性对于中小型企业的发展至关重要。本章旨在探讨在不同岗位中制定绩效工资占比的问题，并对中小企业采用的三种不同的绩效工资呈现形式进行分类讨论。

绩效工资是指根据员工在本岗位所产生的价值进行衡量的薪酬形式。而底薪则是员工每月除去奖金或绩效工资以外所拿到的最基本的工资形式。在中小企业中，底薪往往是根据岗位不同制定的基础薪酬。岗位薪酬制度中，岗位的难以替代程度决定了薪水的高低，而个人的能力则决定了绩效工资的多寡。对于相同岗位，不同薪酬的原因往往是个人能力能否对企业产生更多的价值。此外，薪酬还包括提成、奖金和补贴等各种形式。

中小型企业在绩效工资的呈现形式上存在着一定的差异。在本章中，我们将采用分类讨论的方式，阐述中小企业所采用的三种不同的绩效工资呈现形式。

第一种呈现形式是按定额呈现。以一些贸易和科技类办公室为例，一线员工全部获得500元绩效工资，主管全部获得1 000元绩效工资，而经理级及以上员工则获得1 500元绩效工资。需要注意的是，这种呈现形式不包含生产线员工，因为对于生产线员工而言，绩效不适用。这种呈现形式适用于一些早期没有绩效管理的企业，当企业发展到一定规模时，想继续扩大规模并提高员工绩效时采用。

第二种呈现形式是按岗位类别分类。这种呈现形式下，不同岗位所占的绩效工资比例也不同，例如销售人员的绩效工资占总薪酬的40%，而生产人员的绩效工资占总薪酬的20%。这种绩效工资呈现形式适用于企业对于不同岗位所需能力的考量，以及不同岗位对于企业产生的价值贡献程度的不同。在制定比例的过程中，需要考虑到公平性和合理性的问题，以便体现员工间的公平性。

第三种呈现形式是按个人表现定额呈现。公司根据每个人的绩效得分，来决定其绩效工资的高低。对于每得一分，绩效工资就会增加500元。这种呈现形式相较于前两种呈现形式更加注重个人表现的贡献。在这种呈现形式下，员工有更大的机会被激发积极性，提高个人绩效，从而增加企业的价值贡献程度。

综上所述，中小型企业在制定绩效工资呈现形式时应当全面考虑企业的实际情况，例如企业所在的发展阶段、不同岗位和不同企业类型，绩效薪资在总薪资中占比不同。表1-1为某集团按岗位确立绩效工资核算模式。

表1-1　某集团按岗位确立绩效工资核算模式

级别	岗位	基本工资：绩效工资	绩效工资核算公式	备注
高层管理	总经理	4∶6	年度绩效工资＝年度绩效基数×考核系数	
	副总、总监	5∶5	年度绩效工资＝年度绩效基数×考核系数	
			月度绩效工资＝月度绩效基数×对应考核系数	
中层	部门经理（含副经理）	6∶4	年度绩效工资＝年度绩效基数×考核系数	
			月度绩效工资＝月度绩效基数×对应考核系数	
主管层	主管层	7∶3	月度绩效工资＝月度绩效基数×对应考核系数	
基层	员工	8.5∶1.5	月度绩效工资＝月度绩效基数×对应考核系数	

说明：

职能部门（审计法务部、人力资源部、财务部、行政部）副总及总监级别基本工资与绩效工资的比重为7∶3，或者8∶2；主管比例：8.5∶1.5，或者是9∶1。以上表格偏营销岗位的比例可以这样设置；或者是比较有竞争力的集团公司、地产集团公司可以这样设置。如果一般的中小型企业不建议这样设置。

年度考核结果对应年终奖，年终奖金分配根据公司年度奖金分配方案或相关规定执行。

月度考核对应月度绩效工资的发放。若部门无经理岗时，由部门主管承担部门绩效成绩。绩效工资比例为 7∶3。

除此以外，还可按企业家主观意识分类。随着企业家们在竞争激烈的市场中不断竞争，他们面临着各种管理挑战。其中之一是如何在个人主观意愿和企业长期发展之间做出选择。在公司的薪酬制度设计中，企业家们常常面临在个人关系或好感度上制定绩效工资的压力。这种情况在小企业中尤其普遍。例如，一些资深员工或企业家的亲属可能因长期帮助管理企业或出于企业家的偏袒而获得更高的绩效工资。此外，一些员工可能因与企业家的社交互动和表现优异而获得更高的绩效工资。然而，这种管理手段不仅会影响员工的士气和动力，也会对薪酬管理的公平性产生负面影响。

为了解决这个问题，一些公司已经开始听取职业经理人的意见，并逐渐修改公司的薪酬制度，以确保公平和透明。然而，企业家必须谨慎，不要盲目地听从职业经理人提出的制度，也不要忽视个体特殊需求和变化。对于亲属或与自己个人关系密切的员工，必须实施合理的管理，并将其影响最小化，以免对其他员工产生影响。企业家可以考虑制定更详细的绩效评估标准，设定明确的绩效工资差异，以更公平地衡量和反映员工的表现。此外，企业家必须注意公司的长期发展。在创业初期，企业家可能需要依赖个人主观意愿和人际关系来推动公司的发展。然而，随着公司规模的扩大，这种管理方式必须逐渐被放弃。只有不断完善和调整薪酬制度，营造正式、合理和科学的管理氛围，企业家才能为公司的长期可持续发展奠定坚实的基础。

以创业老员工为例，对于这些人，应该按照能力和贡献程度来设计激励计划，例如在营销岗位上设定一定的分红机制。而对于亲属，则应根据其能力调整适合的岗位，同时还应注重忠诚度高、不可替代的岗位，例如出纳、企业家司机和行政主管（经理）等岗位。

部分企业采用有责任底薪制度。具体而言，这些企业将员工底薪提高到同行业平均水平的 1.3 倍，把员工每个月的工作内容，制定成相应的计划表，按每月的实际工作计划完成进度、数量、质量来打分，计算月度绩效工资。

举例：A员工底薪9 000元每月，同行业是7 000元左右；A员工本月计划（PPI）得分是80分，A员工本月的绩效工资是：9 000×80%=7 200元。

类似以上的绩效考核方式对每月的绩效计划制定以及绩效制度的拟定和调整都有较高的要求。如果绩效计划的相关内容过多，很可能会限制员工的职业发展，淹没高价值的人才，提拔无能无用的员工。同时，企业也在不断成长和变化，因此需要不断调整绩效考核内容，这对管理者在管理方面的专业能力提出了更高的要求。越是简单的管理方法对管理专业性的要求更高。

（四）绩效 = 惩罚手段

随着绩效管理工具的发展，许多直属上级现在有了一种特殊的手段，即通过故意降低员工月底的绩效考核分数来惩罚不受欢迎的员工。此外，一些企业要求试用期员工绩效考核分数必须达到80分或以上才能转正，低于此标准将无法获得转正机会。这意味着即使员工表现极为出色，在直属上级仍未满意他们的情况下，他们无论是选择离开还是等待第三个月的绩效考核，都将受到直属领导的低分评价惩罚。

有时候，公司的人力资源部门也会意识到这个问题，但是由于员工必须与直属上级相处，加上个别管理者管理水平较低，人力资源部门负责人的沟通作用有限。职能岗位员工由于需要考虑绩效工资和直属上级的评价，因此通常不会真实反映工作中的困难和问题，这导致绩效工资高，但公司整体表现无实质性改善，从而导致团队不满意或员工离职。

值得注意的是，绩效管理工具本身并没有对错之分或惩罚性质，而是由管理者赋予了其特殊意义。当然，将绩效考核结果用于员工能力的实际评估也是一种管理手段，如果管理者足够公正、具备高水平管理能力，则可对企业发展产生重要的促进作用。但是，如果管理者管理能力较低，以个人主观判断进行管理，而人力资源部门又不具备干涉的权力时，这将阻碍企业的发展。

因此，提高管理者的管理水平和职业素养是企业面临的重要问题，对于绩效管理的实施具有重要的影响。

三、绩效管理的困境

（一）缺少一套完整标准的体系教程

我们在中小型企业与管理咨询公司的实践中发现，当前尚缺乏一套完整的绩效管理体系，该体系涵盖教育、学习和应用的方方面面。中小企业的企业家们面临绩效管理的困惑。虽然多数绩效培训师具有大型企业的人力资源管理经验，但中小型企业管理者并不能依据自己企业情况创新地实践。另外培训师的经历不同，分享的经验和方法并不适用于所有的中小型企业。此外，一些管理咨询公司的培训师能力也存在缺陷，虽然辅导实操能力较强，但讲课能力偏弱，会被客户误认为不专业而不被接受。或者企业根本分不清楚培训公司与咨询公司的区别。中小型企业的绩效辅导落地需要与薪酬、干部培养、现场管理、制度流程等一起实施，绩效管理不能孤立实施。只有具备丰富经验并能够把绩效管理全程落地的管理咨询公司的老师才能承担这一角色。

本书通过详细的案例分析，结合实战经验，为中小型企业和管理咨询公司提供一套完整的绩效管理实操方案，帮助企业家和从业者更好地掌握并实践绩效管理。

中小型企业在实施绩效管理时，需要专业的管理咨询公司进行实操辅导，以确保能够实现规模的快速扩大和管理水平的提高。在管理领域的专业人才中，由于受到许多因素的制约，管理者的管理能力有时无法完全适应中小型企业的实际情况。对于中小型企业来说，最重要的是要提升企业内部的管理水平和人力资源管理能力，才能够实现规模的快速扩大和竞争优势的提高。因此，管理咨询公司入驻企业进行8—12个月的辅导，是一种非常实用的实操方法。当然，前提是企业规模需在70人以上。那么，这种实操方法的具体流程是怎样的呢？实操流程主要包括以下几个步骤：首先，咨询公司要全面了解企业的状态和目标，进行现状分析和归因优化，提供可行性方案。其次，咨询公司要改进内部流程，包括干部培养、薪酬制度、现场管理等方面的改进，以提高管理水平。最后，咨询公司要实施监督和评估，确保整个绩效管理体系的完整性和可持续性。在实施绩效管理过程中，存在一个非常重要的问题，即同行业的企业可以参考相关流程和制度，但不应完全照抄照搬。因为即便是相同行业、相同发展阶段和人员的情况下，不同的管理者使用相同的管理方法也会产生不同的效果。因此，在实施绩效管理过程中，需要深入了解企业的具体情况，进行个性化定制，从而确保管理体系的可行性和高效性。

最后，在实施绩效管理过程中，需要注意一个非常重要的问题，即管理方法涉及管理人员做传导，这导致了管理的不可复制性。这也是绩效管理在实践中难以落地的原因。因此，中小型企业在实施绩效管理时，需要专业的管理咨询公司提供相应的实操方案，以确保能够实现规模的快速扩大和管理水平的提高。

（二）管理过程中缺乏系统思维

从制度、流程、考核指标、绩效管理制度、人才培养、企业文化、薪酬福利、公司组织设计，到公司战略与绩效管理的完美结合，中小型企业面临许多挑战。许多制度、流程、考核指标以及其他机制都没有与相关的制度进行全面的衔接，每个制度都是为解决当下问题而独立设立的，这导致实施过程中问题不断增加，新制度的实施也很难实现预期效果。因此，中小型企业需要根据不同阶段的特点，解决本质性问题，而非仅仅解决表面问题。

（三）企业家管理水平对绩效管理的落地有着重要的影响

实际上，参与管理的企业家在中小型企业的发展中扮演着重要的角色，尽管最大的阻碍也可能来自企业家本身。全力支持是最好的绩效管理推动方式。企业家需要不断尝试新的方法以推进绩效管理，避免一成不变或者过度怀疑的情况。因此，在中小型企业尚未成为集团公司之前，企业家对绩效管理的落地有着重要的影响。

（四）市场上人才的参差不齐，匹配度差

中小型企业拥有一位经验丰富的人力资源经理，会为企业减轻许多不必要的麻烦，帮助企业全力以赴地开展营销活动。不同阶段的企业需要不同类型的人力资源经理。对初创阶段的企业而言，需要忠诚度高、奉献度高的人力资源

经理，他们能够与企业一起成长；对于成长期的企业，则需要拥有扎实的专业技能，帮助企业夯实管理基础的人力资源经理；成熟期的企业需要人力资源经理具备协调内外部资源的能力，帮助企业进一步成长；而衰退期的企业则需要人力资源管理者具备敏锐的嗅觉，协助总经理调整企业战略，重新定位或整合资源，找到新的出路。招聘人才的关键在于三重人才画像：第一重要求人才适应当前企业，第二重要求人才适应当前岗位，第三重则要求人才能够与整个团队融合。这也是招聘管理者和核心岗位人才的基本要求。

（五）连锁类企业人员流失严重

以餐饮连锁、珠宝连锁、美发连锁和服装连锁为例，这些行业经营管理十分具有挑战性，人员流失率极高。在连锁行业中，企业通常更注重每家门店的销售额，对于管理方面的投入相对较少，管理能力也相对较弱。因此，要想在这些行业实现有效的绩效管理，需要与股权激励相结合，以促进企业的发展。

四、常见的绩效考核方式

绩效管理的效果往往参差不齐，这导致很多企业进行创新，开发适合自身的绩效管理工具。比如，某电商平台采用价值观考核的方式，而笔者曾在一家地产公司采用教学成果方式的考核。对于一家外贸公司，采用价值观考核的底层逻辑主要包含以下四个方面：本月学到了什么；学习之后采取了哪些行动；这些行动带来了哪些绩效结果；这些结果对企业的价值产生了什么影响。这种考核方式对于创新性工作而言效果较好，但对于以重复事务性工作为主的岗位则不太适合。这种思维方式实际上与柯氏四级培训评估方式[①]有些类似。

（一）有责任底薪制度

有些企业采取的是有责任底薪制度。入职时，员工的底薪相对较高，高于同行业水平。但随后，根据员工当月的实际计划产出得分进行核算，来计算当

[①] 柯氏四级培训评估模式（Kirkpatrick Model）由国际著名学者威斯康星大学（Wisconsin University）教授唐纳德·L.柯克帕特里克（Donald.L.Kirkpatrick）于1959年提出，是世界上应用最广泛的培训评估工具，在培训评估领域具有难以撼动的地位。

月的有责任底薪。这种制度的出现主要是希望通过分配责任，激发员工的工作积极性和责任感。

（二）以年终奖为主的激励制度

有些企业则干脆没有实施绩效管理，直接待遇以年终奖为主，而且年终奖金丰厚，平时员工的底薪一般。这种制度主要适用于规模较小的企业，在企业家与员工之间有较好的黏性与信任情况下可行。优点在于企业没有实施绩效管理所带来的绩效管理成本与工作量，而且通过高额的年终奖励，激发了员工的积极性和向心力。

（三）采用不同的绩效考核方式

许多企业采用不同的绩效考核方式来进行绩效管理，如KPI（关键绩效指标）、OKR（目标和关键结果）、PPI（工作计划绩效指标考核）、积分模式、成功因子等。这些不同的绩效考核方式都具有各自的适用范围和特点，在实践中将根据企业的特点、员工的工作需求和企业所追求的目标等因素来选择具体的考核方式，以更好地激励员工的积极性和提升企业的绩效表现。

（四）企业价值观考核

另外，也有一些企业选择以价值观为基础进行绩效考核。这种考核方式主要着重于评估员工是否符合企业价值观，主要包括员工对企业文化的认同度、协作精神等。这种考核方式相对比较灵活，但对于工作量较大的员工来说可能并不适用。

在实施绩效管理时，企业需要根据自身实际情况和所追求的目标，选择适合自己的绩效管理方式，从而提高员工的工作积极性和有效地推动企业发展。

下面介绍企业在不同阶段所采用的绩效管理工具，并探讨不同岗位或情况下绩效考核的具体方式。

（1）企业阶段性的绩效管理工具选择。随着企业的发展，不同阶段所采用的绩效管理工具也会不同。在企业初创期，OKR或PPI是比较适合的绩效管理工具。而在成长期，如果企业的管理成熟度不高，则组合多种绩效考核工具，如 KPI、KCI（关键胜任能力指标）、KBI（关键胜任力指标）可能更适合。而营销岗位则有自己的考核方式，比如企业整体的营销指标，不同的销售岗位根据其销售周期长短和不同阶段将主要考核过程或结果。

（2）针对不同岗位的绩效考核方式。

①老员工和新员工的考核有所不同。在销售岗位中，对于老员工的考核主要注重结果，而新员工的保护期（通常为3—8个月）则以过程为主，给予更多的支持和指导，以提高工作效率和积累经验。

②销售岗位的考核以行为和结果为主。对于销售成长周期比较长的客户，结果指标的考核可能需要更多的时间，因此销售人员在实际工作中还需要注重和客户的关系维护和行为规范。

③对于技工类岗位的考核，则主要注重过程和技能积累，特别是对习惯于传统工作方式的老员工，需要予以更多的支持和激励。

综上所述，企业需要根据自身实际情况和不同岗位的特点，选择最适合的绩效考核方式。不同的工作岗位之间，考核方式也可能存在差异，需要提前明确标准和指标，以便员工能够理解考核目的和标准，减少不必要的矛盾和争议。同时，在实施中，需要适时修订和优化绩效考核方式，以更好地激发员工的工作热情和提高整体绩效水平。

判断题：

1. 绩效管理等于绩效考核吗？（　　）
2. KPI适合所有企业的绩效考核。（　　）
3. 中小型企业的企业家可以不参与绩效管理的整个过程，这是人力资源部的事情。（　　）
4. 价值观考核适合所有企业。（　　）
5. 绩效管理会马上让企业营业额提升。（　　）
6. 培训可以帮助企业解决绩效辅导落地。（　　）

第二章　绩效管理在中小型企业中的作用

一、组织目标设定

（一）三年规划

针对企业实际情况和外部环境，制定三年规划对于企业的长期发展非常重要。在咨询过程中，我们发现，那些已经制定了三年规划的企业，哪怕在外部环境恶劣的情况下，依然能够保持镇定并坚持执行计划。而那些没有做过三年规划的企业，在外部环境不乐观时，企业家很容易惊慌失措，把问题放大，盲目模仿他人，极易犯下战略性错误。在此，笔者向大家介绍两种常用的三年规划：

第一种是从现有企业内部情况入手，先进行全面的企业诊断和内外部环境分析，然后根据这些分析结果，设定当年的组织架构图，并推算未来两年的组织架构图调整情况。根据组织架构设计的部门，明确各部门每年的具体事宜。

人力资源部门和各部门：领导层的选拔、育才计划、薪酬提成、绩效管理、核心重点大事件等。

公司财务部门、销售部门、成本部门：制定财务目标、利润目标、成本维度等。

产品部门：明确针对不同阶段的产品设计，确定引流产品、核心产品、利润产品等。

生产部门：制定生产部门的生产流程，优化现场管理、物料管理等。

以下以生产部门为例进行具体说明（表2-1）。

表2-1 生产部门实例

各部门	分项	2023年部门重点		
		2023年部门具体事宜	2024年部门具体事宜	2025年部门具体事宜
公司财务部门	营业额	2.5亿	3亿	3.5亿
	利润增长	2%	10%	12%
人力资源部门	人力	1. 招聘：人力资源经理（出生于1990—1995年，本科） 2. 招聘应届生 3. 招聘行政专员（男，懂流程搭建，兼职信息专员） 4. 人力资源经理负责绩效 5. 绩效管理辅导落地在10月全部推动 6. 销售的提成方案与绩效挂钩，销售部培养2名经理 7. 产品部招聘2名产品经理、1名结构工程师 8. 完成整个公司薪酬体系改革 9. 年度培训计划：把岗位技能、管理技能作为核心重点，制定周期性培养方案 10. 新员工培养计划：从以前3天培训时间上调到5天，并包含1个月跟踪 11. 公司核心人员流失率控制在5% 12. 制定公司年度计划和月度计划，提升管理效率 13. 制定合伙计划与分红机制 14. 完成年度培训计划，负责公司行政类其他事宜		

注：在撰写内容时，无须过于详细和完美，只需按照相应的框架展开即可。需要注意的是，在实施过程中，可能需要进行一些调整和改动。

第二种是利用数据进行测算。例如，一家专注于管理咨询服务、营业额在

1亿—10亿的中小型科技类咨询公司（X），在全国范围内共面对53家竞争对手，客户群体数量为10万家。其中，竞争对手的市场占有率按以下比例分配：第一名45%，第二名和第三名共占40%，其余竞争对手共占15%。为了计算该咨询公司在该行业中的市场排名，并计算计划可获得的客户数量，可采取以下步骤：首先，假设该咨询公司按客户量排名居第三，占有15%的客户份额。其次，用可信度常模系数假设为0.85，将计划获得的客户数量乘以该系数，再减去该咨询公司目前已有的客户数量（A），得到该咨询公司计划获得的客户数量。最后，用该客户数量乘以平均客单价（B），计算该咨询公司的市场份额。

综上所述，公式如下：

X的市场份额 = （10万 × 15% – A） × 0.85 × B

以上数据涉及的营业额不包括重复采购和使用频繁产品的核算方式。接下来，根据不同地区的产品生命周期阶段来确定该地区的具体营业额增长数，据此制定不同地区的营销目标。同时，要根据企业自身管理情况来制定公司的目标。这种方法计算的数据比较精准，但风险也相应较高，比较保守的企业家可能不会采用，因为管理问题是不可控的。在2020年，笔者用这种核算方法测算了一家计算机电商的营业额，计算了第二年的可营销台数。但由于企业家采取的是每年增长30%的方式，没有采取拓宽平台的措施，导致平台扩张进度过慢，一年的业绩表现只是平平。实际上，问题的核心是新平台未能启动运营，而旧平台不断缩减，导致电商市场的变化太快，企业需要快速反应。如果到2021年底再考虑平台扩张，恐怕已经太晚了。

企业制定三年规划时需要预见可能存在的风险。不同行业的调整速度不一样，特别是在电商和贸易领域，反应速度必须非常迅速，稍有不慎就可能失去机会。因此，企业的三年规划必须非常清晰，每年的细微调整都必须在计划中明确，否则，在实施过程中，可能会面临太多变化和挑战，对企业家和管理者都会是一个非常大的考验。

因此，当某些企业每年营业额只有100万，但指定咨询公司的目标是3 000万时，有可能实现，但很少有这种情况。首先，企业内部的管理水平和管理人才可能还不够，产品设计和生产流程也跟不上。在这种情况下，只有咨询公司对该行业非常了解，驻场的老师需要在营销、管理、供应链、生产、仓储等每个团队中都驻留3—6人,分别担任经理、主管和高级专员,长期参与实际工作,才能达到预期目标。否则,只在一旁指导是很难实现的。

(二)如何制定经营计划

下面是一个科技类企业的案例,其营业额达到了10亿,并涉及内外贸易生产。该企业成立20年,一直未曾制定过经营计划或者制定三年战略。公司采用的是比较传统的管理方式,且此前并未设立过人力资源部门,只有行政部门负责招聘和核算工资。每个分公司仅配备一个前台文员来处理入离职和工资核算事宜,且公司缺少有效的绩效管理措施。在2020年,公司招聘了一个内部提拔的总经理助理,让其担任人力资源总监,该人员虽非人力资源专业背景,也缺乏从业经验,但拥有丰富的创业经验。经过笔者的辅导,人力资源总监成功制定了一个经营计划。

对于那些有经验、了解战略的人力资源总监,他们可能会直接使用经营计划表格,要求各部门填写经营计划,然后举行会议来讨论。这种做法适用于有一定管理基础的企业。相反,当企业的管理基础较弱、人力资源总监缺乏专业知识和从业经验时,则需要有专家提供辅导。为制定有效的经营计划,人力资源经理可以撰写一份经营计划表格,主要根据平衡计分卡的四个管理维度来制定。在操作的过程中,需要注意以下几点:

(1)具体内容:经营计划表格需要明确列出每个部门的经营目标、行动方案、责任人和完成时间。

(2)责任与分工:明确每个部门的责任和任务,并推动各部门之间的协作。

(3)可能出现的问题:了解各个部门可能会遇到的问题,并采取合理的措施应对。

(4)禁忌:不应制定过于虚高或不现实的目标,也不应忽略绩效考核和奖励措施。

(5)把控分寸:在制定经营计划的过程中,需要合理把控目标的难易程度,避免过多追求短期业绩而忽视长期发展。

对以上要点进行适当的磨合和会议讨论,最终形成一个完整的年度经营计划,以实现企业战略目标为出发点,确保企业在未来一年能够持续稳步发展。

（三）经营计划分解到各部门

在将公司层面的经营计划表分解到各部门中时，可以由人力资源总监、人力资源经理或总经理助理将经营计划表中的核心重点内容分配给各个部门，并明确主要责任部门、协助部门和参与评价的部门。对于主要责任部门而言，需要确定其在部门内部的份额占比。对于缺乏经验的人力资源经理，可以和企业家或其所在部门经理的上级讨论具体内容和权重占比，然后与部门负责人确定相关内容，包括年度计划表格的制定过程。人力资源将各部门的年度计划表头和各项权重根据经营计划表拟定好，发给各部门负责人，由他们填写相关内容。如有意见不同，可以沟通商议，需要带上相关部门负责人和直属上级。此外，还可以直接根据经营计划表的BSC（平衡计分卡）的4个维度，针对公司经营计划内容设置相应权重，制定部门年度计划表。

部门年度计划表是对整个部门的考核和要求，需要每个部门经理分解到每个岗位，再分解到每个员工的具体工作内容。这将导致每个员工都要与直属上级谈绩效目标。近期，在短视频平台上有些绩效老师说，每个岗位的绩效目标不是分解出来的，而是谈出来的。实际上，如果没有经营计划作为参考依据，直接与员工谈目标是很不公平的。如果目标制定没有数据支撑，也没有历史依据，而是仅看员工上个月的业绩达成，直接找员工面谈并不断调整，这种做法对管理本身就是具有困难的，对于要达成公司的整体目标来说，就更加困难了。

分解的目标可能每个月都无法达到100%，管理者应该根据公司经营计划和部门年度计划将目标分解到每月，对具体数据做上下调整。更多的细节会在第四章中详细叙述。

（四）各岗位承接各部门的目标

在企业中，我们一般将业务岗位和市场岗位归为一线岗位，将财务部门、后勤和人事行政部门归为二线部门。一线岗位的目标相对容易制定，有些企业甚至会对不同员工制定相同的销售目标。然而，有些企业的销售员工有不同的背景，如有五年以上的老员工、刚入职不到一个月的新员工、销售主管和销售经理等，因此目标会有所不同。销售部门的负责人需要对这些岗位的目标进行拆分，而人力资源部经理应当只参与销售部门的会议，最终确认每个岗位的目标，并将其提交给人事行政部门留存备案。

对于二线部门，在分解指标时虽然缺少详细数据，但是他们的行为和工作内容对于业绩的完成也是至关重要的。因此，在缺乏数据的情况下，可以设定行动计划和具体事件，而对于评估结果，可以根据数量、质量、完成时间和对企业价值的贡献来进行评估。当然，在一些情况下，企业会为二线部门设定营业额指标，这取决于企业的具体经营情况、奖惩福利政策以及实际情况。例如，在一家科技类企业中，当库存量达到40%时，人力资源部门需要设定库存指标为10%，而财务部门需要设定库存去化指标为15%，同时需要设定营业额指标为5%。这些指标的制定需要根据具体情况来确定，如果企业盈利稳定、前景明朗，则可以不设定。但若企业在困难之中或者在发展初期需要各部门齐心协力，则需要为二线部门设定销售指标。有些情况下，销售经理会让人事经理协助参与销售部门各岗位的目标拆分，这是可以考虑的，但所有的制度和情况都因企业而异，因此需要根据实际情况进行灵活变通。

二、绩效管理夯实管理基础，推动企业发展

企业的管理层分为总经理和各部门负责人，每个负责人需要将部门年度计划细化到每个岗位。从上往下看，总经理的主要职责和核心重点是投入产出比和资源配比，并向股东汇报情况。在企业规模较小，没有达到一定管理水平的情况下，设立董事长制度反而会起反作用。当一家公司有3—5家分公司时，可以成立董事长制度，但在职级数量上不宜太多，只需三级就足够。在中小型企业中，常务副总等高层职位有时会显得冗重，不利于企业的灵活性和效率。组织架构的调整应该基于三年计划和公司普遍管理者的管理水平，而不是单纯因为个人喜好而设置岗位。

总经理在企业中的主要职责和核心重点是统一思想和统一目标，并向高层管理人员汇报情况。然而，很多中小型企业的企业家却将公司所有的管理任务都包揽在自己的职责范围内，即使业绩已经达到10亿元也是如此。有些企业则由合伙人负责管理，这种方式并不利于培养管理人员。中层管理人员在企业中没有足够的权力和责任心，管理者的能力提升也得不到发挥。企业家将经理

的权力拿出来使用，反过来也要承担各部门的责任，使企业家变得特别忙碌和疲劳，每天都在工作，晚上还要参加各种应酬。难道所有的创业者都是这个样子吗？显然不是，做好管理的企业家知道如何放权并将责任下放到每一个人。有些企业家可能会反驳："我已经放权了，但他们不会。"如果确实不会，就应该招聘能干的管理人才来带领公司的主管，如果无法留住，就要多招聘几次，如果主管还是没有学会，就要让人力资源将他送到外面学习，哪个方面不足就补哪个方面。当然在刚开始时可能会出错，但企业家应该学会给管理者试错的机会，否则管理者会一直名义上存在，实质却无法发挥管理的作用。

总经理在企业中的工作职责包括统一思想、统一大家的目标，适当借助人力资源来提高管理者的行为水平。在很多公司中，存在部门之间的壁垒，这实际上是由于统一思想没有做到位造成的。实现统一思想的方式是让所有管理者的认知水平都在差不多的水平上，将认知不同、跑偏的人拉回正轨，并让认知水平高的、有能力的管理者开展经常性的分享和培训。另外，统一思想还要确保大家的努力方向都是一致的，而不是像一辆马车四面八方地使劲。统一目标则是要让业务部门与公司的营业额相关联，有些老业务员虽然没有管理工作，但主要任务就是做业绩、提高利润和催收回款。与此同时，职能部门需要协助业务部门完成业绩目标。

副总/总监在企业中的主要职责和核心重点是落实思想、分解目标、激励团队完成目标，向总经理汇报并管理经理。尽管每个公司的职位名称和职级不同，但这些工作都应是副总/总监所承担的。在一些营业额达到1个亿的企业中，大多数副总和总监干着与经理相同的工作，只有极少数人具备较强的能力。他们在其他部门活跃着，帮助其他部门找出问题并提出意见，有时还会提供解决方案。甚至有少数人经常向总经理汇报一些琐碎的小事情。而在营业额超过3个亿的企业中，大多数副总或总监的能力都很强，能够独当一面。集团公司的副总或总监还可以自己掌管一个项目或者一个分公司。这样的事实表明，营业额在1个亿左右的企业需要加强对副总或总监的培养。

经理的主要职责和核心重点是：实现团队目标，有效管理团队，并向高级管理层汇报情况。一家企业所拥有的经理数量可以反映出该企业的规模和快速扩张的潜力。在贸易类公司中，尽管外部环境很好并且公司也希望拓展业务，但由于经理数量不足，导致不得不从外部招聘。因此，如何在内部培养经理对于企业解决许多问题至关重要。

经理是从主管升职而来的，因此拥有本职位经验会更容易胜任。在提升主管为经理之前，公司应为其提供一段时间的培训，而不是以其是否合适作为唯一的判断标准。此培训应专注于高层思维、管理理论、管理技能和管理行为的学习，当然在工作中的实践和导师的指导也是至关重要的。

一个合格的经理应具备三项核心技能：①开拓业务的能力，可以帮助企业开展新项目、新业务和新流程；②以适当方式处理试用期无法胜任的员工，避免盲目仁慈；③不断自我提升和成长的能力，作为团队领导者，经理应是团队的榜样，不断努力提升自己的能力，否则，他可能会成为下属晋升的一大障碍。

那么，一个经理是否会阻碍下属的职业发展呢？答案是否定的。一个能够培养优秀主管成为经理的人，他也可以培养一批合格的经理，从而实现自己的晋升。当员工抱怨公司没有晋升机会时，实际上可能是因为公司缺乏个人职业发展通道，没有开展新项目，这也说明营销经理们没有开拓业务。

主管的主要职责和核心重点是完成个人目标、协助好团队、培养好人才，并向经理汇报，管理好老师傅和老员工。其两个核心任务是完成自己的工作和培养人才。目前很多企业每个岗位都没有可替代人才，尤其是优秀的技术员。招聘也很难，有些岗位市场上也很稀缺。因此，一个人一个岗位，甚至没有时间休假。出现这种情况的主要原因在于公司没有为技术员做好职业规划，在他成为老员工的时候没有给他做传承机制，让老师傅带徒弟。等到工作多年后，这个技术员已经是技术主管的岗位和薪酬，但并没有让他干主管的具体岗位工作。因此，让他带人时，也没有相关能力。这是岗位、职责、权力和薪酬之间缺乏关联造成的。

对于老师傅来说，他们的主要职责和核心重点是完成个人目标，同时要尽自己的能力去培养好新员工，并向上级主管做好汇报和引导新员工。

对老员工进行管理和培养是企业必须做的，是非常重要的事情。对于一些有丰富技术经验的员工，更应该将他们培养成为老师傅，带领新员工成长。很多生产型企业经常抱怨无法招聘到合适的技术员，而老员工脾气古怪、配合度不高，领导也不敢直接指出其问题。这其实是因为企业没有做好人才培养和传承的工作。

员工的主要职责和核心重点是完成岗位目标、提升自我、做好与主管或老师傅的沟通汇报、自我管理。员工应专注于完成本职工作，不断学习提升自己。然而，很多员工没有晋升的积极性，没有意识到做了管理层有什么好处。平时只看到管理层加班、挨领导责骂、辛苦工作，没有看到管理层与普通员工之间的差距。公司需要告知员工这些，并在不同阶段提供员工培训，设立晋升通道，并让已晋升的老员工分享自己的经验。公司可举行季度员工表彰大会、读书分享会、部门员工做案例分享等活动，让员工得到肯定和鼓励。

总之，每个岗位都应专注于本职工作。如果企业家做了经理的工作，经理做了主管的工作，主管做了老师傅的工作，老师傅做了员工的工作，员工做了企业家的工作，就会产生一系列问题。具体表现就是企业家和股东都很忙，任何决策都由企业家决定，员工哪里不好就整天说公司问题。这种情况下，企业是很容易出问题的。

在企业中，每个岗位上的员工都应当负责本职工作，这有助于实现企业的全面战略目标。企业家应当承担好自己的职责，这意味着公司战略的确定；而部门经理承担好自己的职责，则意味着部门任务的完成并能够贴合公司战略；员工承担好自己的岗位职责，就会有利于任务的分解。接下来，可以使用绩效来管理每个层级的行为，并对结果进行评价和打分。这样做有助于公司统一思想并实现公司整体目标。

三、绩效管理为其他机制提供参考依据

（一）与新员工试用制度关联

在企业的人力资源管理中，绩效管理与新员工试用制度有着密切的关联。在新员工试用期内，转正考核表现和月度绩效是两个核心的评价指标。试用期员工月度绩效必须达到60分，低于60分的员工如果转正考核表现良好，企业可以考虑给予延长试用期一个月的机会。如果员工的月度绩效不佳，并且转正考核表现也不佳，那么这样的员工可能会被调整至其他岗位或安排其他合适的工作。但是，如果员工的月度绩效表现极佳，转正考核表现不佳，企业也可以

考虑将该员工正式转正，因为这样的员工可能只是在汇报上有所欠缺，但在其他方面已经做得非常好。如果员工的月度绩效表现好，并且转正考核也表现良好，那么企业需要把这样的员工作为重点培养对象，以期能在未来的工作中发挥更大的优势。

（二）与年终奖关联

在企业的管理中，绩效管理与薪酬福利是密不可分的。例如，年终奖和员工的年度绩效有关，绩效表现好的员工可以获得更高的年终奖金，而绩效表现不佳的员工则可能会受到惩罚。具体来说，如果一名员工的年度绩效平均在85分以上，则可以获得年终奖金的三倍；如果年度绩效平均在70—85分之间，则可以获得年终奖金的两倍；如果年度绩效平均在60—70分之间，则可以获得年终奖金的1.2倍；如果年度绩效平均在50—60分之间，则可以获得年终奖金的0.5倍；如果年度绩效低于50分，则不会获得年终奖金。这种方式要求企业对平时的绩效管理和考核评价进行真实、可靠和严谨的过程管理。

例如，一个小型电商公司刚成立不久，管理存在着诸多短板。在年终奖的发放过程中出现了一些问题，导致员工不满意并引起了较大的争议。因为管理不够规范和严格，绩效管理和考核评价存在很多漏洞和不公平之处，奖金的发放不够公正和透明。因此，企业需要加强绩效管理和考核评价管理，规范相关操作，并加强对薪酬福利的审核和评估。只有这样，才能够保证员工的薪酬福利与绩效表现相符，同时促进企业的发展和稳定。

小型电商公司管理薄弱，年终奖发放案例如表2-2所示。

表 2-2 年终奖发放案例

年终奖励发放					
序号	入职时间	年度绩效平均分	年终奖发放比例	基数	核算公式
1	≥1年	80分以上	1倍	底薪	底薪×1
2	6个月<x<1年	80分以上	0.8倍	底薪	底薪×0.8
3	3个月<x<6个月	80分以上	0.3倍	底薪	底薪×0.3
4	小于3个月	80分以上	0	底薪	0
5	x≥1年	70—80分	0.8倍	底薪	底薪×0.8
6	6个月<x<1年	70—80分	0.5倍×0.8	底薪	底薪×0.5×0.8
7	3个月<x<6个月	70—80分	0.3倍×0.8	底薪	底薪×0.3×0.8
8	小于3个月	70—80分	0	底薪	0
9	x≥1年	60—70分	0.5倍	底薪	底薪×0.5
10	6个月<x<1年	60—70分	0.5倍×0.5	底薪	底薪×0.5×0.5
11	3个月<x<6个月	60—70分	0.3倍×0.5	底薪	底薪×0.3×0.5
12	小于3个月	60—70分	0	底薪	0
13	x≥1年	50—60分	0.3倍	底薪	底薪×0.3
14	6个月<x<1年	50—60分	0.5倍×0.3	底薪	底薪×0.5×0.3
15	3个月<x<6个月	50—60分	0.3倍×0.3	底薪	底薪×0.3×0.3
16	小于3个月	50—60分	0	底薪	0

续　表

年终奖励发放					
序号	入职时间	年度绩效平均分	年终奖发放比例	基数	核算公式
17	$x \geqslant 1$ 年	40—50分	0.2 倍	底薪	底薪 ×0.2
18	6个月＜x＜1年		0.5 倍 ×0.2		底薪 × 0.5×0.2
19	3个月＜x＜6个月		0.3 倍 ×0.2		底薪 × 0.3×0.2
20	小于3个月		0		0
21	$x \geqslant 1$ 年	40分以下	0		0
22	6个月＜x＜1年				
23	3个月＜x＜6个月				
24	小于3个月				

（三）与每年的加薪关联

在企业的管理中，绩效管理与员工的加薪也是密切关联的。一般来说，企业的加薪范围往往在员工本岗位底薪的6%—20%之间，并根据公司的盈利状况以及该岗位的贡献度来进行评估。有时，如果企业几年没有进行加薪，就需要重新评估员工的实际能力，重新定位岗位和职级，并制定相应的人才培养计划，最后再进行调薪。

例如，如果员工的年度绩效平均在70—85分之间，且没有大过或徇私舞弊等情况，那么团队可以一致协调岗位薪酬的调整范围为6%—8%；如果员工的年度绩效平均在60—70分之间，那么团队可以一致协调岗位薪酬的调整范围为4%—6%。对于管理者而言，如果他们的年度绩效平均在70—85分之间，那么团队可以一致协调岗位薪酬的调整范围为10%—12%；如果管理者的年度绩效平均在 60—70 分之间，那么团队可以一致协调岗位薪酬的调整范围为 6%—10%。对于绩效低于 60 分的员工来说，企业可以考虑给予加工龄工资；对于绩效高于 85 分的员工，则可以参加公司内部的竞聘会获得更好的晋升机会。

需要注意的是，职能部门的员工通常会比一线部门的员工容易获得 85 分以上的年度绩效分数，因此在制定相应政策时，应根据实际情况重新定义职能部门的评价指标和晋升标准。以上案例仅为一般情况下的范例，实际情况需根据企业的具体情况而定。此外，还可以考虑让职能部门融合公司的营销指标，并通过正态分布实现部门得分安排更合理的评估。

（四）绩效管理与晋升相关联

表 2-3 是一家新成立的医疗科技电商公司的售后客服岗位。由于该公司已经有了资本注入，因此对于售后客服的要求比较高，需要有一定的产品知识和专业素养。实施这样的绩效制度可以快速地筛选出优秀的人才。然而，一旦制度实施了 8 到 12 个月后需要进行调整，这会对团队管理造成很大的压力。请注意，以下只是一个案例，并不一定适用于所有企业（本案例发生于 2020 年）。表 2-4 是传统企业服务咨询类企业职能部门晋升要求（2019 年案例），营业额在 6 000 万左右，利润在 20%—30%，管理比较薄弱，老员工占比 60%。

表2-3 售后客服岗位案例

		售后客服试用期		
		试用期过后		
		底薪	绩效	晋级说明
售后客服	服务客服 1级	4 500+500	0	内部：60—70分以下；外部：试用期平均分低于60—70分
	2级	4 400+500	2 000	试用期绩效得分达$70 \leq x < 80$分，次月转2级客服；连续2个月低于70分，淘汰
	3级	4 800+500	2 100	连续3月绩效得分达$80 \leq x < 90$分，次月转3级客服；连续2个月未达80分，次月降2级客服
	4级	5 300+500	2 300	连续3个月绩效得分达$90 \leq x < 100$分，次月转4级客服；连续2个月未达90分，次月降3级客服
	5级	5 900+500	2 600	连续6个月绩效得分达$90 \leq x < 100$分，次月转客服主管；连续2个月未达90分，次月降4级客服
	主管	5 900+500	2 000	做到5级可申请售后组长/运营助理
	技术支持	底薪	绩效	晋级说明
	试用期	5 000+500	0	试用80分才能转正
	转正后	5 000+500	2 000	年度绩效80分有申请加薪的机会

表 2-4 职能岗位薪酬体系

单位：元

职级	高层（级差比例0.09）				中层（级差比例0.08）				基层（级差比例0.06）			
	职位	总额	月基础工资额	月绩效工资额	职位	总额	月基础工资额	月绩效工资额	职位	总额	月基础工资额	月绩效工资额
1	高级总监/副总	45 659	36 159	9 500	高级经理	26 422	20 422	6 000	高级专员	13 391	11 391	2 000
2		41 889	32 889	9 000		24 464	18 964	5 500		12 633	10 633	2 000
3		38 430	29 930	8 500		22 652	17 652	5 000		11 918	10 418	1 500
4		35 257	27 257	8 000		20 974	16 474	4 500		11 243	9 743	1 500
5		32 346	24 846	7 500		19 421	15 421	4 000		10 607	9 107	1 500
6	总监	29 675	22 675	7 000		17 982	14 482	3 500		10 006	8 506	1 500
7		27 225	20 725	6 500		16 650	13 650	3 000		9 440	7 940	1 500
8		24 977	18 977	6 000		15 417	12 917	2 500		8 906	7 406	1 500
9		22 914	17 414	5 500		14 275	12 275	2 000		8 401	6 901	1 500
10		21 022	16 022	5 000		13 217	12 217	1 000		7 926	6 926	1 000
11		19 287	14 787	4 500		12 238	11 238	1 000		7 477	6 477	1 000
12		17 694	13 694	4 000		11 332	10 332	1 000		7 054	6 054	1 000
13		16 233	12 733	3 500	经理	10 492	9 492	1 000	专员	6 655	5 655	1 000
14	部长	14 893	11 893	3 000		9 715	8 715	1 000		6 278	5 278	1 000
15		13 663	11 163	2 500		8 996	7 996	1 000		5 923	4 923	1 000
16		12 535	10 535	2 000		8 329	7 329	1 000		5 587	4 587	1 000
17		11 500	10 000	1 500		7 712	6 712	1 000		5 271	4 271	1 000
18						7 141	6 141	1 000		4 973	3 973	1 000

续　表

职级	高层（级差比例0.09）			中层（级差比例0.08）			基层（级差比例0.06）		
	职位	总额	月基础工资额	月绩效工资额	职位	总额	月基础工资额	月绩效工资额	职位	总额	月基础工资额	月绩效工资额
19						6 612	5 612	1 000		4 691	3 691	1 000
20						6 122	5 122	1 000		4 426	3 426	1 000
21					主管	5 669	4 669	1 000	员工	4 175	3 175	1 000
22						5 249	4 249	1 000		3 939	2 939	1 000
23						4 860	3 860	1 000		3 716	2 716	1 000
24						4 500	3 000	1 000		3 506	2 506	1 000
25										3 307	2 307	1 000
26										3 120	2 120	1 000
27										3 000	2 000	1 000
全勤：200元/月/人									

注：职能岗位指行政岗位、财务岗位、管理岗位、讲师助理（文职类），也包括偶尔讲课的管理岗位（底薪＋课补＋提成＋补助）。

下面介绍某家企业的晋升规则：

第一种：同层级晋升一个级别，每年有一次机会。

基层：

（1）时间：在公司满一年含一年的员工，入职半年以上未达到一年到次年三月按一年核算，低于半年不加薪。

（2）要求：在过去的工作中，年度平均绩效在95分以上，转正考核得分85分以上的员工。

（3）年终奖：依据公司具体利润和财务报表发放年终奖，具体额度按年度情况而定。

中层：

（1）时间：在本公司工作一年及以上，从主管级别起。

（2）要求：在过去的工作中，年度平均绩效得分在95分及以上。

（3）拥有本科以上学历，包括成人教育、网络教育、统招本科、自考等。

高层：

（1）时间：在公司工作一年及以上，从部长级别起。

（2）要求：

①每年的年度绩效平均得分在95分以上。

②拥有研究生以上学历，包括在职硕士、MBA、全日制硕士等。

③拥有硕士研修班结业证书，没有学位证书和学历证书的，每年年度绩效平均得分在95分以上，并且在公司工作满两年及以上。

④公司岗位调整者（依据具体情况安排）。

第二种：同层级晋升2个级别。

（1）时间：在公司工作满一年含一年的员工，入职半年以上未达到一年的按一年核算，低于半年不加薪。

（2）要求：

①在过去的工作中，年度平均绩效得分在95分及以上，转正考核得分在90分及以上的员工。

②对公司做出特殊贡献的员工。

③上级领导特别申请的员工。

④在招生能力方面一直处于团队第一，并对公司做出了贡献的员工。

⑤拥有本科以上学历，包括成人教育、网络教育、统招本科、自考等。

（3）年终奖：依据公司具体利润和财务报表发放年终奖，具体额度按年度情况而定。

（4）目前没有同级晋升三个级别的操作。如果出现这种情况，说明面试评估有误，需要走特批重新评定入职薪资。

第三种：跨级晋升。

初级晋升到中级：

（1）时间：在公司工作满3年含3年，且岗位调整后具有管理职责。

（2）要求：年度绩效平均得分在95分以上；拥有本科以上学历，包括成人教育、网络教育、统招本科、自考等。

（3）年终奖：依据公司具体利润和财务报表发放年终奖，具体额度按年度情况而定。

中级晋升高级：

（1）时间：在公司工作满5年含5年，且岗位调整后具有管理职责。

（2）要求：

①每年的年度绩效平均得分在95分以上。

②拥有研究生以上学历，包括在职硕士、MBA、全日制硕士等。

③拥有硕士研修班结业证书，没有学位证书和学历证书的，每年年度绩效平均得分在95分以上，并且在公司工作满6年含6年，或者公司岗位调整者（依据具体情况安排）。

（3）年终奖：依据公司具体利润和财务报表发放年终奖，具体额度按年度情况而定。

需要注意的是，以上晋升规则仅适用于本公司内部员工。不同的公司或机构，晋升规则可能有所不同。

（五）绩效管理与外部学习相关联

良好的绩效表现能为员工提供外出学习的机会，学习后的员工对团队分享和岗位产出的价值也会更大。但是，如果绩效管理没有做好，对于晋升提拔的评价就不会全面具体。例如，一家公司的销售冠军被选拔出来担任销售经理，结果整个团队都离职了，该销售冠军的个人业绩也下降到40%。尽管销售冠军代表了他在销售方面的强大能力，但是由于其管理能力不足，不提拔他而提拔其他销售人员，可能会导致整个销售团队不满意。在这种情况下，可以让销售冠军先带领另一个人，慢慢培养他的管理能力。或者，营销部可以先招聘一个总经理助理来协助管理营销方向，等到团队中的营销经理们逐渐成熟后，总经理助理的职位也可以做出相应的调整。另外，外聘营销经理也是一个可行的解决方案。

对于中小型企业家来说，年终奖的分配是一个非常棘手的问题。虽然公司一再强调薪酬保密，但仍然有些员工知道其他员工的薪酬信息，有时还会传播错误信息。如果年终奖全部按双薪来发放，那么特别努力、创造价值特别高的员工可能会失望。在这种情况下，企业需要给这些员工更高的奖励，但是这类员工并不占多数。我们可能会发现很多部门都有这类员工，但是不能为每个人单独颁发奖项。因此，当一个员工投入更多精力时，我们的绩效薪酬和年终奖应当基于实际贡献大小来进行颁发。

如果企业一直平均对待所有员工，这个企业就无法发展壮大，难以吸引、留住人才，甚至可能一直保持在60—80人左右，很难进一步发展成百人以上的大企业。如果绩效管理没有得到良好实施，那么在淘汰人员时是没有明确依据的。仅凭出勤记录、工作时间等表面标准，而没有考虑工作质量、贡献大小等因素，这个做法是非常不合理的。因此，实施绩效管理时可以明确告诉员工，具体岗位工作要求，员工工作完成情况及达成程度，让员工更加明确工作目标，有理有据地做好绩效评估。如此一来，我们将会对员工的表现有较真实的了解，基于实际表现进行奖励，这才能让员工感到公平、认同企业管理，并能得到更好的激励。

四、绩效管理解放企业家，分解压力

在讲述夯实管理基础时，我们已经明确指出，每一层级都应该各司其职，并且每个岗位都有自己核心的工作。我们希望员工能够达到自我管理的程度，无须别人的监督。每个月的目标都非常明确，并且管理过程也是非常清晰的。权责也非常明确。在这种情况下，员工完全可以达到自我管理的状态。对于工作要求，包括时间、效率、质量、数量等方面，我们会在绩效目标面谈时讲解得非常清楚。每个岗位、每个员工都会有指标，也都有自己的目标。公司的目标会被分解到各个部门，并最终落实到个人。从企业家的角度来看，这样一来，员工完全可以在工作之外有更多的时间去做其他的事情。因此，我们鼓励员工

夯实自我管理的基础，在履行自己的职责的同时，保持目标明确、工作高效、质量优良。在这个基础上，企业家就可以放心地将更多时间用于其他方面的工作。而且，完善的绩效管理系统不仅可以让员工更好地认识自己的工作，还可以提高企业的整体效率。

判断题：

1. 三年规划就是企业家个人确定一个目标，挣多少钱就好。（   ）

2. 绩效考核最实用的做法就是将同行的经验拿来用。（   ）

3. 做绩效又累又浪费钱，员工还说不好，我们企业不适合做绩效。（   ）

4. KPI很好用，我朋友公司做KPI考核，公司效率提高了很多，我们也用吧。（   ）

5. 公司业绩还行，每年都有盈利，做不做绩效都无所谓。（   ）

第三章　绩效管理落地前准备

一、企业诊断的考虑因素

企业诊断主要从四个角度衡量企业当前的情况，包括企业的成立时间、管理水平、财务情况以及内外部环境，对企业的核心重点进行评估。

（一）成立时间

企业的成立时间是一个重要的诊断因素。在企业成立时间方面，主要考察企业组织成长速度与管理者的管理水平提高速度是否一致。例如，如果一家企业成立已经9年，在人才测评的过程中发现，所有管理者都只拥有单项技能，企业的业绩出色、盈利情况良好，但这个企业经常出现产品质量问题或者逾期交货等交付难题，这说明该企业的管理水平可能仍然停留在初创阶段，企业可能在向成熟阶段跨越或者已经达到成熟阶段，但因管理上的不足，出现了各种问题。这显然是出现了企业跑得很快但管理没有跟上的情况。

（二）管理水平

企业的管理水平也是企业诊断的重要方面。美国的管理学家伊查克·爱迪斯曾花费20多年的时间研究企业的发展、老化和衰亡。他撰写的《企业生命周期》将企业的发展分为十个阶段，包括孕育期、婴儿期、学步期、青春期、壮年期、稳定期、贵族期、官僚化早期、官僚期和死亡。

在实际的中小企业管理咨询中，我们发现中国很多企业的发展速度相当快，这得益于比其他发达国家更好的创业环境。在早期的阶段，由于时间紧迫，企业通常没有时间深入分析，而是快速过渡到发展阶段。此外，中国各行各业的发展水平存在巨大差异，导致每个行业、每个阶段的发展速度完全不同。例如，地产行业从第一阶段过渡到第二阶段，需要3—5年的时间，但在条件较好的情况下，只需要2—3年。而互联网、电商和贸易类行业受外部环境和资本的影响，往往运营速度非常快，在半年内就能度过一个阶段。有些企业的组织已经到了成熟阶段，但管理水平仍停留在初创阶段。机会越大，风险也就越大。当互联网、电商和贸易类行业受到外部环境的冲击时，它们的衰退速度也很快，通常在半年内就会面临风险。在贸易类行业中，选择合适的平台和市场非常重要。而科技类、地产类和重工业加工类相对滞后，在危机来临前，通常可以提前1—3年预测，并可借助咨询公司的外部力量，提前防范风险。然而，往往企业家们比较自信，不相信风险的到来。例如，笔者在2019年预测了一个四线城市地产集团的风险，并劝告他们调整方向和规划战略，一直到2022年都在说服客户。然而，客户并不相信，一直到2023年才认为需要调整战略，但为时已晚，目前的困难即便是调整战略也无法解决。

（三）财务情况

企业的财务情况也是企业诊断的重要环节。通常我们可以从企业目前营业额、年利润率、资产负债表、年度各项支出数据、成本具体数据、企业管理体系等方面进行分析。企业提供的资料和信息越详细，咨询团队为企业提供的战略规划就越精准。如果企业提供的数据不够清晰，咨询团队可以通过访问员工来诊断企业。需要注意的是，员工对有些问题的回答可能较为失真。

如果是熟悉的企业，一般是与企业家见面交流并提出问题，现场提出解决方法，之后提交方案、讨论、修改方案。如果是第一次接触的企业，一般需要在进行访谈诊断之后，再提出解决方案。然而，第一次接触的企业往往对咨询公司有较大防范，不会轻易提供财务方面的真实数据。在做年度经营计划的时候，咨询公司虽然能了解到具体数据，但有些数据是不真实的。

（四）企业的内外部环境

企业的内外部环境也是企业诊断的重要因素之一。中小型企业规模较小，数据可能不够精准，但也能够进行诊断。通过人力资源部门，咨询公司也能获得较精准的关于企业所处阶段的信息。例如，通过人力资源部门每年的离职率、本科员工占比、高中员工占比、初中员工占比以及对核心人员的测评，包括对股东和企业家的测评，可以判断企业所处的具体阶段。测评的内容包括岗位胜任力、管理能力、个人态度、未来发展潜能以及培养方式等方面。

除以上对企业的成立时间、管理水平、财务情况以及内外部环境的了解，对企业人才测评也可以帮助咨询公司侧面发现企业的管理核心问题。在营销指导的过程中，如果数据不准确就会导致管理咨询的力度不足，从而影响对企业的指导。因此，对于中小型企业而言，关注和分析人力资源情况是诊断企业所处阶段的重要方式之一。

二、企业管理水平四大阶段

（一）初创期

在这个阶段，财务支出较大，利润主要用于扩张。由于人员数量不多，缺少核心管理人员，所以往往是一人多岗的局面，财务管理和人力管理方面的技能比较缺乏。外部竞争压力较大，营销人员流动性也很大。企业的管理制度和福利待遇都不是很健全，绩效考核也可能没有和管理结合起来，有些企业可能还没有绩效考核制度。企业家往往身兼数职，对企业财务支出的1 000元也需要亲自审批。通过人才测评，经理级岗位测评低于70分的单项人才不应超过5个，主管级岗位测评低于70分的不应超过6个。综合以上类型的企业，无论企业人数多少，管理水平都基本处于创业期。企业所处阶段主要取决于成立年限、企业内外商业模式成熟程度和流畅程度，以及外部影响度直接变现能力等因素。

初创期管理者的特点：各部门负责人都是本部门的业务能手，人力资源部门是百事通，需要处理各种各样的事务。此时业务部门负责人主要以单项技能为主。

（二）发展期

企业发展期的特点：对于中小型贸易类企业来说，如果在有资本注入的情况下，一般需要经过至少3年时间才能算是经营良好的企业。除了有资本注入的电商类和贸易类企业外，此类企业受外部影响比较大。在人员方面，该阶段的企业通常会有一批超过5人的老员工和6—8名主管、5—8名经理。如果主管人数较多而经理较少，说明企业家不放权，导致管理权限一直停留在企业家手中，主管没有管理权限，承担的责任也比较少，因此很难得到锻炼和提升，只具备一定的专业技能和员工管理能力，没有管理整个部门的能力。由于管理能力不足，甚至有些主管培养新员工的能力也比较差，这会导致企业家极度忙碌，企业的效率也会特别低。企业为了提升管理能力，会招聘一些较优秀的经理，有些企业可能招聘到合适的人才，但有些招聘过来的经理甚至不如自家公司的主管。

在财务方面，该阶段每年的盈利相对稳定，没有过多的债务，销售额也稳步增长，通常连续2年以上每年增长20%以上，人员流失率低于25%，如果是产品类公司，会有一定的库存存量。在成长期，企业的人员和财务相对比较稳定，业绩增长也相对稳定。在这个阶段，中小企业的创始人通常会表现出一定的自信，独断、专权的情况会比较多，脾气也会比较大，喜欢听赞美的话语，并且有些企业家会有些许自负和骄傲，特别是在企业初次突破1个亿营业额的时候。在外部投资合作的过程中，企业家很容易被"割韭菜"。在内部管理方面，企业家很容易过度关注内部事务，引起权力斗争和核心人员的流失。

在成长期的企业中，对人才能力的要求越来越高，需要招聘复合型人才。各部门的管理者不仅要成为本部门的业务能手，还必须具备丰富的管理技能，能够协调管理本部门的各项工作。人力资源部成为整个企业的积极参与者和大运营的角色，领导干部培训、绩效管理、落实等工作。但目前很多企业没有做好这两个方面的工作，导致组织跑在前面，而管理跟不上，限制了企业的发展。

与发展初期不同，成长期的企业一般不会主动寻求管理咨询合作，一般在经历内部权力斗争，企业受到重挫时才会比较急切地寻求咨询公司的合作。内部斗争主要集中在股东之间、合伙人之间，也可能是分红的核心员工之间。这种内部斗争会比较突出，往往对企业产生重大的影响。因此，在成长期的企业中，要注重加强内部管理，避免产生不必要的内部纷争。

在成长期的企业中，核心重点主要集中在以下三个方面：

1. 夯实管理基础

企业需要夯实管理基础，包括储备干部、主管级和经理级人才的管理能力。合伙人和企业家也需要学习，提升经理级别人才的管理能力，以适应企业的快速发展。管理过程中，往往存在各种认知不统一的分歧，这主要来源于角色的不同以及利益的相对公平性。

2. 建立绩效管理体系

建立绩效管理体系不是简单的考核，而是要用绩效的工具把公司的管理融入考核当中。企业需要建立符合自身特点的绩效考核体系，并将其落实到管理过程中。只有建立完善的绩效管理体系，才能在繁忙的日常管理工作中找到一个正确的方向，提高工作效率。

3. 完善人力资源管理体系

企业需要完善人力资源管理体系，包括招聘体系、培训体系等。要建立招聘规范，根据企业的发展需要招聘适合的人才。同时，还需要建立培训体系，包括新员工、干部和兼职内训师的培养，制定不同层级的培训计划，提高员工的综合素质，为企业未来的发展提供有力的人才支撑。

在成长期的企业中，上述三个方面的工作是相互关联和不可分割的。只有将这些工作做好，企业才能在激烈的市场竞争中立于不败之地，实现长足的发展和稳健的增长。

（三）成熟期

处于成熟期的企业，管理者数量较多，企业主要以财务为导向，每个项目的成本、利润和回款速度都需要慎重考虑。企业需要专业的财务总监，严格把控现金流，控制成本支出，并给各部门培训财务方面的专业知识。此时，企业可能会成立几家分公司，以快速裂变并为衰退期做准备。在此阶段，企业管理的核心重点包括三个方面。

重新梳理企业文化：企业需要重新梳理企业文化，让企业愿景和价值观深入每一个管理者的内心。将企业文化按不同层级应承担的责任加入绩效考核表（KBI）中，考核占比范围在5%—15%之间。对于一些大品牌企业，考核还会涉及价值观，考核占比范围在5%—15%之间。需要根据不同行业、不同阶段的具体问题进行具体分析。KBI 的考核在成长后期也会逐渐加入考核权重，占比不多，只有 5% 左右，要求也不高。

流程化、制度化的内部管理：企业需要流程化、制度化的内部管理，提高企业效率。各部门的流程需要进行梳理，并导入相应的软件进行数字化管理。企业在导入软件时，往往会购买多个不同方向的软件，导致有些软件根本没有被使用。而且，导入软件的前提是要先梳理清楚流程，然后再进行数字化管理。然而，在实际操作中，许多中小型企业往往是先进行数字化管理，再去修改流程，这就会浪费更多的人力和财力。一些中小企业在企业成长阶段也开始导入软件，以提高效率。

对外开展新项目：在成熟期，企业的原有业务利润会下降。随着产品周期的延长，利润会越来越薄。此时，企业需要重新整合业务模式或产品结构，以开展新项目。同时，企业还需要提高内部凝聚力，增强协作效果。

在成熟期，企业的管理者数量众多，对企业进行流程化、制度化管理，梳理企业文化，对外开展新项目是企业核心重点。只有做好这些工作，企业才能顺利过渡，并在市场竞争中获得更多的机会。

在这个阶段，企业需要注意两个关键点：一是新项目扩张的存活率不高，因此需要深入扩张，并将其与原有业务做好捆绑。二是如果在成长期没有夯实管理基础和绩效管理落地，企业在成熟期很难调整商业模式。因此，需要建立兼职内部讲师体系，完善绩效管理辅导落地，以及调整战略方向和增加新商业模式，以防止企业衰退。

针对新项目扩张，企业需要注意项目复制时的意义，如果相同或相似的话意义不大，需要考虑深度扩张，如上游客户或下游供应商。对于下游供应商，需要考虑他们的应用范围和利润空间。如果应用范围广利润空间大，可以考虑投资或收购，否则最好不涉及，以免消耗原有业务。对于没有夯实管理基础和绩效管理落地的企业，在调整商业模式方面会比较困难。可以引入外部咨询或招聘内部管理者担任内部咨询师，在调整好公司战略方向和增加新商业模式的情况下，可以延缓企业衰退时间。同时，需要夯实管理基础，建立兼职内部讲师体系，使绩效管理落地，为企业的未来发展打下基础。

在成熟期，企业需要注意细节，做好内部管理，深度扩张新项目，以及建立兼职内部讲师体系，夯实管理基础和绩效管理落地。只有这样，企业才能在市场竞争中脱颖而出，实现跨越式发展。

（四）衰退期

在一个企业进入衰退期之后，需要重点关注两个方面：一是寻找创新的出路并与原有业务做好衔接；二是处理好业绩和利润的问题。

首先，在衰退期，企业需要寻找新的商业模式，并且决定是否要保持原有的业务或减少原有的业务规模。可以通过产品不同维度的创新、重新定位公司方向、开发新产品类别等方式来创新。例如，如果以前公司定位是高端产品，可以尝试向中端和中低端产品拓展；可以选择一个小的产品类别，与客户进行深度捆绑并谋求定制化发展，与客户共同投资。此外，也需要在管理方面进行创新，实现平台化管理、创客运营或以律师事务所为模式的管理等。

其次，在衰退期，由于市场竞争的压力增大，很多企业会面临业绩不佳的问题。此时，通过调整管理是难以解决问题的。因此，很多企业会寻求咨询公司的帮助。然而，在选择咨询公司时需要考虑是否能够调整战略，并且是否具备资源和资本，否则很难帮助企业盘活。在衰退期，企业需要重点寻找创新的出路，并与原有业务做好衔接；同时，需要处理业绩和利润的问题，注意选择正确的咨询公司，并在管理方面进行创新。只有这样，企业才能在竞争激烈的市场中站稳脚跟，并实现长期发展。

当企业进入衰退期时，需要注意两个核心问题：一是如何应对销售部门到后端所出现的问题；二是如何引入外部力量解决经营方面的难题。

再次，销售部门到后端的问题表现在签单难、服务难、要求多、沟通费劲等方面。此外，内部管理方面的问题也会因为前端表现不佳而出现管理难以落地的问题。有时候，目标的设定也会因为市场环境差而引发矛盾。在这些情况下，强行推行管理措施可能会适得其反。相反，应该寻找商业模式的创新，例如新型服务产品的推出，来解决前端销售的问题。

最后，在衰退期，企业需要引入外部力量来解决经营方面的问题。咨询公司可提供如引入资本、重组并购等服务。引入资本可以选择市场表现较好的项目，或与有潜力的企业合作；重组并购可以参与上游企业重组并购，或与有实力的企业进行合并。外部力量的介入，会比自己摸索快很多，但也需要注意风险的存在。在衰退期，企业需果断请外部力量以获得更好的效果。请咨询公司调整商业模式可能解决问题，在引入资本和重组并购方面会更切实际一些。

三、战略的梳理

在本书的第二章关于三年规划中，笔者重点阐述了三年目标中的维度和销售目标如何设定、市场份额如何测算。中小型企业的战略主要分以下几步：

第一步，市场调研，调研客户群体特点、上游供应商队伍、竞争对手特点等。

在市场调研中，企业需要收集关于客户、上游供应商和竞争对手的相关数据并进行分析。客户群体特点的分析包括客户的消费情况、交易时间、消费金额以及购买主要产品等，这些数据必须真实准确。通过对客户的分析，企业可以制定符合市场需求的产品延伸和整体解决方案。在产品生命周期的不同阶段，企业可以选择不同的战略定位，如往产品深度上延伸、营销团队扩张或横向扩张等。企业应该选择适合自身情况的战略定位，以实现长期稳健的发展。如图3-1所示，在产品生命周期的第四周期，企业应该把重点放在换产品上，如2017年一家医疗器械公司撤掉医用雾化机，转而生产家用胎心仪和美容仪，这是企业成功转型的例子。

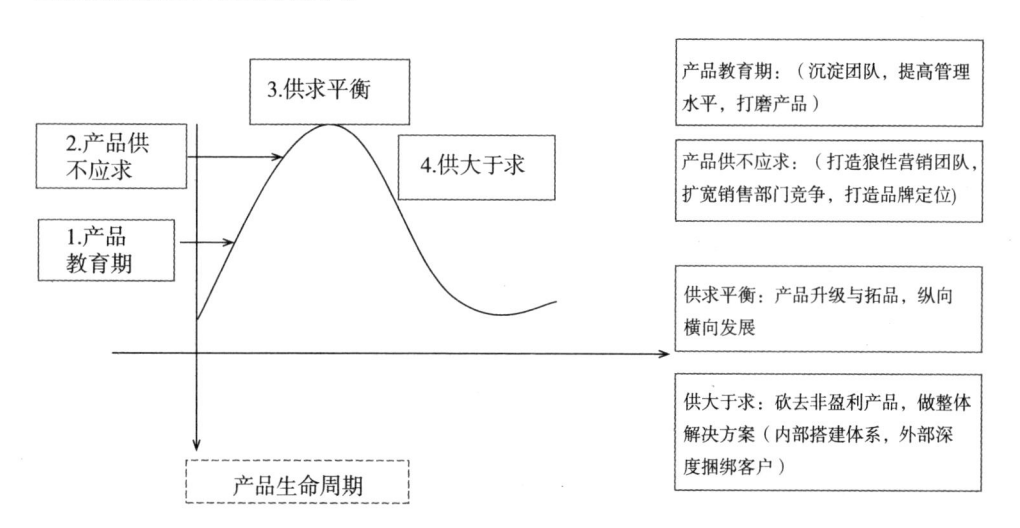

图3-1 产品生命周期

在市场调研中，企业还需要了解上游供应商队伍的情况，特别是上市公司、大型知名企业的供应商，即使不是自己的供应商，也可以多去交流学习。因为这些企业对供应商有要求和扶持，在与国外接洽方面也比较有优势。然而，这些供应商通常有较长的账期，这也是企业需要考虑的一个现实问题。

第二步：企业内部盘点。

市场调节存在自发性、盲目性、滞后性等固有的弊端。自发性是指在市场经济中，由于追逐眼前利益和不正当竞争，市场主体可能会产生一些不正当的经济行为。盲目性是指生产经营者难以完全掌握市场各方面的信息，并无法控制经济变化的趋势，因此其决策会带有一定的盲目性。当某种商品的生产有利可图时，他们往往会一哄而上；反之，则会一哄而退。滞后性是指市场调节的一种事后调节方式，从价格形成、价格信号传递到商品生产的调整有一定的时间差。

市场调节局限性带来的后果主要包括资源配置效率低下和浪费、社会经济不稳定、收入分配不公平等。例如，2020年10月国内芯片短缺就是由于国际制裁，国内一时供需不平衡导致的，这是市场调节的一种典型反应。因此，企业在市场调研和制定战略时，需考虑市场调节的局限性、上游供应商队伍的情况和企业自身情况，以找到适合自身的发展路径。

市场的自发性、盲目性、滞后性等固有的弊端需要企业家对市场产品具有前瞻性了解，因此企业家需要不断地学习和保持敏锐的观察力。学习对于企业家来说是可以变现的，因为重要的是定位和方向，在此基础上才能找到适合自身的发展路径，否则战略和目标都会失去意义。

在进行企业内部盘点时，财务方面可以通过资产负债表、利润表和现金流量表进行分析。另外，企业也需要进行组织盘点和人才盘点，以及管理水平的盘点。企业往往忽略了对组织的诊断，因为在成长的过程中舒适圈待久了就不愿意改变。但是，只有了解企业组织的阶段才能制定相应的管理重点方向，因此组织诊断在战略过程中是非常重要的。而企业内部管理者往往只知道当前的水平，而不知道企业组织处于哪个阶段，因此需要借助咨询团队进行诊断。只有知己知彼才能在竞争中立于不败之地。对于组织不同阶段的特点可以参考伊查克·爱迪思的《企业生命周期》。

在进行企业内部人才盘点时，可以采用多种方法进行测评。其中主要包括岗位素质模式测评（表3-1）、人才评价（表3-2）、管理细分测评、态度和冰山测评。这五张不同的表格从不同的维度对企业员工进行了全面而深入的测评，使得评估结果更加准确可靠。

岗位素质模式测评是运用人力资源和管理学的理论，根据特定行业而设计的内容。表3-1是以特定行业为基础来设置岗位素质模型，因此并不适用于所有行业。它主要依据素质模型和特定行业的需求，对企业员工进行能力和素质的全面测评，以便确定员工是否适合当前岗位，并为员工提供更好的培训和发展机会。

人才评价（表3-2）则是对企业员工的综合评估，筛选出优秀的人才作为未来企业的发展支撑。管理细分测评则主要是对企业管理人员的管理水平进行评估，以便更好地指导企业管理者完善管理规划。态度和冰山测评则主要关注企业员工的态度和潜在问题，以便及时发现和解决各种潜在的困难和问题。

综上所述，企业内部人才盘点是企业人力资源管理中不可或缺的一部分。通过多种维度的测评，可以全面、准确地评估企业员工的素质和能力，为企业发展提供更好的人才支持。

表3-1 岗位素质模式测评

备注：1.评估人在评估时需在"个人实际"栏填上被评估人的实际状况判断，即填写5、4、3、2、1中的相应数字。
2.得分 = 重要性系数 × 个人实际

职能体系胜任度评估（高层）							
部门：			岗位：		被评估人：	评估人：	
评价类型	评价项目	重要性系数 1	任职资格标准				评估得分	
^	^	^	2	3	4	5	个人实际	加权得分
经验（15%）	工作经验	5	1年以下	1—2年	2—4年	4—7年	7年以上	5	5
^	同行企业经验	5	1年以下	1—2年	2—4年	4—7年	7年以上	5	5
^	同职经验	5	1年以下	1—2年	2—4年	4—7年	7年以上	5	5

续 表

知识 （10%）	学历		10	大专 以下	大专	本科	硕士	硕士 以上	1	2
技能 （35%）	专业 技能	专业 相关 性	5		非本 专业	相关 专业	本专 业	多种 专业	1	1
	通用 技能	决策 力	4	不要求	一般	较强	强	很强	2	1.6
		沟通 能力	4	不要求	一般	较强	强	很强	4	3.2
		团队 建设	4	不要求	一般	较强	强	很强	4	3.2
		创新 能力	4	不要求	一般	较强	强	很强	2	1.6
		资源 整合 能力	4	不要求	一般	较强	强	很强	3	2.4
	实际业务水平		10	初级	发展	胜任	优秀	杰出	2	4
职业 素养 （15%）	协作精神		3	不要求	一般	较强	强	很强	2	1.2
	成本意识		3	不要求	一般	较强	强	很强	5	3
	廉洁诚信		3	不要求	一般	较强	强	很强	5	3
	主动性		3	不要求	一般	较强	强	很强	5	3
	责任心		3	不要求	一般	较强	强	很强	5	3
管理 情况 （10%）	管理职能		5	1项	2项	3项	4项	5项	2	2
	管理幅度		5	10人 以下	11—20 人	21—30 人	31—40 人	40人 以上	5	5

续　表

年度绩效（5%）	上年度绩效	5	初级	发展	胜任	优秀	杰出		0
领导评价（10%）	综合评价	10	初级	发展	胜任	优秀	杰出		0
合计									54.2

备注：本岗位所涉及的专业技能主要指员工的教育背景是否涵盖了所负责职能所需要的专业或相关专业，如会计、管理、工程、设计、营销等。多种专业指员工在教育背景中同时具备了与工作职能相关或行业相关的不止一种专业，例如在大学阶段学习财务，同时又学过MBA等管理课程，或者在大学阶段学习房地产经营，接着又进修了管理、财务等专业。

表3-2　人才评价表

分类	优势	需要提升	解决思路
专业技能	1. 学习能力强； 2. 对产品和市场嗅觉敏锐； 3. 性格比较温和。	沟通能力，人际关系处理。	1. 提高沟通能力，进行人际关系处理工具学习； 2. 企业文化管理者的文化塑造； 3. 个人思维速度需要提升，思维方法太少；直接学习少，间接学习多，没有泛学。
管理能力	1. 没有用管理工具、管理思维； 2. 自己做事； 3. 学会教人，教练技术。	1. 放下。 2. 减法。	1. 数据分析3张报表学习； 2. 战略学习； 3. 产品生命周期学习； 4. 学会深度思考。
职业素养	善良，性格比较温和，不够坚毅。		学会果断，承担结果，不苛求完美。
综合评估	产品经理（不包含生产）		
建议定岗位：产品经理			

根据以上表格和与访谈者面谈所得的所有细节，可以评估企业员工的人才九宫格。人才九宫格是一个详细评估员工能力和素质的体系，具体内容涉及版权，因此无法在此展示。但读者可以参照美国得克萨斯大学的行为科学家罗伯特·布莱克（Robert R. Blake）和简·莫顿（Jane S. Mouton）在1964年出版的《管理方格》一书中提出的管理九宫格，了解九宫格的概念和应用。

在实际应用中，评估者需要具备一定的专业知识和实操经验。通过对员工能力和素质的全面评估，将员工划分到九宫格的不同层次中，可以更好地了解企业员工的实际情况，并为企业制定和调整人才战略提供参考。图3-2是根据员工人才测评的结果得到的九宫格，展示了员工在九宫格中的位置和具体评估结果。

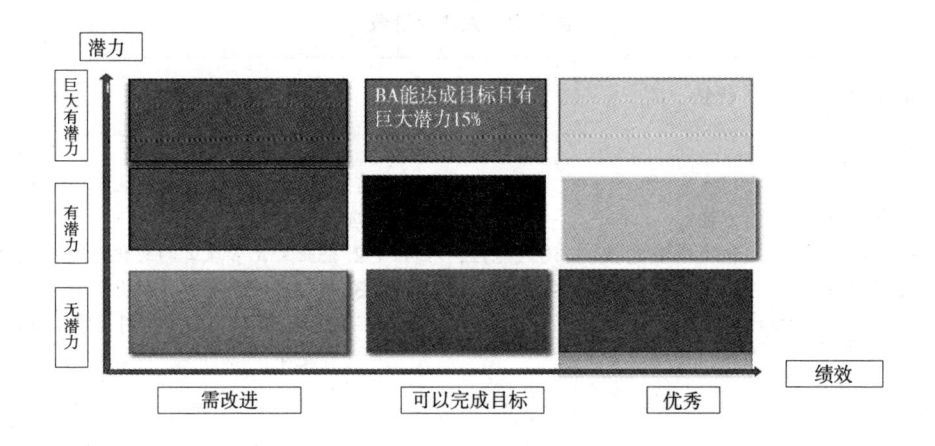

图 3-2　人才测评结果

总之，人才九宫格是企业人力资源管理中一个非常重要的工具。通过全面、深入的评估，企业家可以更好地了解员工的能力和素质，并为企业的人才战略和员工发展提供指导和支持。

管理细分评估是一种常见的对员工管理能力进行评估的工具，其主要从统筹计划能力、问题处理、任用授权能力、指导控制能力、组织协调能力以及团结合作能力等六个方面进行评估。这些评估标准在不同层级的管理者中，其权重设置是不同的。下面是根据公文筐测评得到的具体细分评估标准：

（1）统筹计划能力。

①能够有条不紊地处理各种公文和信息材料，并根据信息的性质和轻重缓急，对信息进行分类处理。

②在处理问题时，能提出及时、可行的解决方案，能系统地安排和分配工作，注意到不同信息之间的关系，有效地利用人、财、物和信息资源。

③能确定正确的目标安排和实现目标的有效举措和行动步骤，制定有效的行动时间表。

（2）问题处理能力。能够察觉问题的起因，把握相关问题的联系，归纳综合，形成正确判断，预见问题的可能后果。能够提出解决问题的有效措施并付诸实施。

（3）任用授权能力。能够安排员工擅长的工作，在多方面给予支持，调动员工的积极性，开发员工的潜能。

（4）指导控制能力。能够给下属指明行动和努力的方向，适时地发起、促进或终止有关工作，维护组织机构的正常运转，监督、控制经费开支及其他资源。

（5）组织协调能力。能够协调各项工作和下属的行动，使之成为有机的整体，按一定的原则要求，调节不同利益方向的矛盾冲突。

（6）团结合作能力。能够理解、尊重下属，倾听下属意见，激发下属的积极性，帮助下属适应新的工作要求，重视并在可能条件下促进下属的个人发展。

不同层级的管理者，以上六个方面的权重设置是不同的。通常来说，高层管理者更需要具有较强的统筹计划能力、组织协调能力和任用授权能力，而团结合作能力则在所有层级的管理者中都是至关重要的。

态度评价主要从工作积极性、责任心、工作主动性、团队协助、执行力等几个维度来进行评估。每个维度依据行为表现进行分数评定，优秀 10 分、良好 8—9 分、一般 6—7 分、差 1—5 分。每个行为表现都有详细的描述，例如优秀的工作积极性表现为：工作积极性高，在完成任务过程中预计会影响节点或效果的问题及时向上级反馈，总是能够提前完成工作任务，还会主动征求上级对工作效果的反馈。此外，这种积极性还体现在努力学习和研究新知识、新方法，以及能够通过自身的工作热情带动员工的工作热情。

人才评价则主要从培养和教育的角度来评估被测人，主要给出学习提升和优缺点的反馈。需要强调的是，用人之所长补人之所短。也就是说，应该让优秀的人做他们擅长的事情，这样既能够充分发挥他们的优势，也能够弥补团队其他人的短板，实现优势互补。而不是只看别人的劣势，导致出现误区。

除了以上内容之外，还有一种常见的人员绩效评价方法——冰山测评。这种评价方法主要测评被测人的可培养性和潜能，涉及心理学等领域，需要相应的培训。人才测评一般针对公司管理者和核心岗位的员工，普通员工一般只参与访谈而不参与测评。

企业内部需要进行财务情况、管理人员和核心人员的测评，以便对企业管理水平的把握程度达到95%左右。中小型企业需要对企业家和合伙人进行人才测评，因为这些人对企业影响很大。针对不同阶段的企业管理者，应该通过培训和绩效管理来提升他们的核心技能，以改变他们的行为，推动管理者水平提高，进而间接推动企业向前发展。

在制定年度目标时，应该根据市场份额确定目标，考虑内部管理来预估利润比率，同时考虑上下游的合作空间和利润空间来进行规划。需要预估培训费用和全年预算，并且将利润的2%用于培训管理者。在制定未来三年的规划时，需要根据产品生命周期和企业生命周期来制定，并抓住重点。

根据企业和产品阶段的不同，需要划清重点并进行讨论修改。人资组织需要对三年规划表中涉及的每个部门的内容进行讨论修改，并编写成公司三年战略方案。方案完成后，需要召开公司战略宣贯会议，由总经理表达方向和重点，各部门进行汇报。

最后，需要梳理企业的组织架构，调整管理没有跟上的部门，并制定未来三年的组织架构图和各部门的权责表。组织架构的调整需要在岗位说明书的书写流程中进行。

四、经营计划的实施

中小型企业的经营计划表是制定年度目标、预估利润、规划未来三年发展的重要工具。下面是制作经营计划表的步骤。

第一步：诊断核心和战略定位。根据公司三年战略，由人力资源根据诊断结果确定经营计划表的核心重点，并用平衡积分卡（BSC）把战略定位用具体数据或文字写出，并依据四个维度（财务、客户、内部流程和学习成长）写出BSC的重点。制定经营计划表模板后发给总经理审核并讨论修改涉及内容。

第二步：分解大事件到各部门并填写数据。相关财务数据由财务主管填写，销售数据由销售部门经理填写，产品由产品经理书写，人力资源由人力资源经理填写，生产由生产部门书写，完成后交由人力资源部统一到一张表里，然后组织经营计划研讨会。如果企业缺乏经营计划经验，人力资源部需要组织会议，并辅导不同部门分别填写表格。人力资源可介绍表格的填写方式和内容，并告知涉及的重点，让各部门负责人自行填写后提交。如果仍有部分管理者不清楚填写的方法，则可邀请他们到会议室，通过人力资源提问的方式辅导填写。

第三步：组织会议讨论并修改。经营计划表完成后，由人力资源部修改并组织会议讨论，讨论上下游部门建议和不同意见，并进行修改。

上面三步是一张服务型企业经营计划表的草稿版本形成的过程，仅供参考。具体制作经营计划表时，需针对不同企业和产品阶段来制定，划清重点并进行讨论。同时，需要梳理企业的组织架构，制定未来三年的组织架构图和各部门的权责表，以促进企业管理水平的提高和持续发展。表3-3到表3-6从不同维度分析了××公司2020年的经营计划。

表3-3 财务维度

实施策略	1. 对人工成本、市场成本、××费用采取保守定额定制度策略，保证公司现金流。 2. 加大回款力度，保证技术服务的同时快速回笼资金。 3. 制定市场费用和高层公关费用限额、定额的评估制度。					
量度指标	序号	指标	单位	2020年目标数据		备注
^	^	^	^	保底目标	挑战目标	^
^	1	营业收入	万元			合同签约金额
^	^	2020新增项目销售额				按照×%比例销售
^	2	销售回款（到账资金）	万元			
^	^	其中：2018—2019年项目回款				按×%回款比例
^	^	2020新增项目回款				按照销售额的×%计
^	3	成本				
^	4	利润率				

行动计划	编号	项目				
^	项目类型	销售金额（万元）	回款（2018—2020）金额[万元]	大概：项目开始时间	大概：项目收尾时间	
^	1　××项目	2100				2020年6月30日完成销售额

续 表

	3	××项目	2 500			2020年6月30日完成销售额
	4	××项目	1 800			2020年6月30日完成销售额
	5	××项目	5 600			2020年6月30日完成销售额
		合计				
行动计划	项次	计划	责任人		成效衡量	
行动计划	1	积极催收项目款项	×××		销售和财务部建立催款流程，并设置行动落实工作要求；销售部做好项目跟踪计划并落实，加入当月绩效管理	
行动计划	2	积极解决项目问题协助收款	×××		接近尾声的项目，需要项目经理关注并协助班长提升服务；接近尾声的项目需要重点关注，形成工作行为并落实，加入当天工作内容	
行动计划	3	积极再次开发新项目	×××		结束的项目跟进方式，提取成功案例，制定复制计划；培训，提升销售技巧，提升再次开发技巧	
行动计划	4	大量运用市场资源	×××			

表3-4 运营维度

实施策略	1. 建设集成计划和信息标准化运营体系，提升依托战略、计划、信息管理调度公司资源的能力。 2. 加强技术服务的前期现场勘察能力，减小市场价格差距，确保竞争力和差异性。 3. 围绕成本优化提升技术服务：建立技术标准化管理；建立目标成本和人工成本管理。 4. 搭建营销管理体系，提升营销专业能力。

续表

量度指标	指标项		指标公式说明 保底 挑战		2020年		备注
	项目人均效能达成		已完成项目数量/总数量		3万/人	4万/人	每月
	年度计划达成率		年度计划完成量/年度计划总数		90%	95%	

	项次	年计划	负责人	成效衡量
行动计划	1	技术服务	×××	（1）根据公司以往项目，借鉴优秀项目成果体系，针对细分项目形式，提出项目标准化方案； （2）搭建×××技术服务标准化体系，每项工作有相应PPT； （3）建立类别性技术服务标准体系和设计进度管理体系，并落地； （4）×××二装服务比例：1:0.8。
	2	××	×××	（1）×××质量把控； （2）团队人才建设； （3）人均产能。
	3	建立成本管理体系	×××	（1）建立成本数据库及责任成本管理办法； （2）新项目开始建立目标成本和绩效成本管理，为决策提供成本支持； （3）建立合约规划体系和合同标准模板，确保各项目合同签订的计划性和规范化。
	4	建立营销管理体系，关注营销专业能力提升	×××	（1）建立项目客户开发到技术收尾全周期的营销管控体系； （2）打造自销售到项目的管控以及团队建设； （3）针对关键技术环节（前期看现场、报价、定价体系、投标、营销费用把控）形成标准化的知识沉淀。

续　表

	5	持续优化工作流程，加强计划管理与会议管理	×××	（1）持续优化业务流程，建立流程体系，提高管理效率和风险把控； （2）建立全公司的计划体系，包括年度经营计划、项目实施计划、年度工作计划，并通过绩效管理保障落实； （3）优化会议管理体系，重点关注公司技术服务成果和销售会议，降低公司运营和项目实施风险。
	6	建立工程/××质量管理体系，支持服务一线项目	×××	（1）针对工程关键节点建立验收标准和验收制度，提升技术服务品质； （2）每月持续丰富××案例库，并定期组织学习与交流； （3）建立××，提升项目收尾工作。
	7	建立招标采购管理体系	×××	（1）建立专业供应商体系； （2）建立设计、工程、材料设备类的供方资源，并发展×家战略合作机构； （3）定期对供方进行过程履约评估工作。
	8	建立创新课题	×××	（1）建立品课会、扒课会； （2）建立讲师授课技巧分享会。

表 3-5 客户维度

实施策略	1. 围绕营销工作积极开展客户关系管理，对外建立客户服务形象，对内树立全员服务意识。 2. 搭建××客户会，通过客户关怀提高客户的忠诚度和品牌影响力。 3. 提升技术、销售服务品质，提高客户的满意度。					
量度指标		指标项	指标公式说明	2019年		备注
^		^	保底 挑战			^
^		客户满意度	（客户满意数/客户总数）×100%或年度客户调查分数取值	90%	95%	
^		有效投诉关闭率	（投诉解决数/有效投诉总数）×100%	90%	95%	
行动计划	项次	年计划	负责人	成效衡量		
^	1	整合现有客户资源，建立××客服系统	××	（1）建立××隐患排查系统，系统建立客户与技术的联系； （2）建立客户服务标准，重点关注××报告、××效果评估和××报告； （3）定期开展客户回访工作，加强客户联系； （4）及时处理市场部客户电话需求。		
^	2	建立客户投诉管理体系	×××	（1）建立客户投诉管理制度和流程； （2）积极解决客户投诉问题，实现客户有效投诉处理率95%； （3）建立客户学员反馈机制，提高服务意识。		

表3-6 学习成长维度

实施策略	1. 推动人力资源管理体系建设，强化"选、育、用、留"作用的发挥。 2. 建立以公司战略为导向的企业文化，促进部门协调和合作。 3. 建立系统的培训体系（干部管理体系、新员工培养跟踪体系、内训师培养体系），提高软性成本投入。 4. 重点关注技术、销售成长和干部管理，提升营销团队和项目经理的专业能力和管理能力。			
量度指标	指标项 保底	指标说明 挑战	2019年	备注
	关键岗位员工流失率	（关键岗位流失人数/岗位总数）×100%	20% 15%	指经理级别以上人员
	人均效能	总销售额/[（年初人数＋年末人数）/2]		万/人

	项次	2019年计划	负责人	成效衡量
行动计划	1	强化人员配置标准和人才引进能力	×××	（1）结合公司未来3—5年战略规划，依据组织管控模式，分析各岗位价值、完善人力资源规划及定岗定编； （2）建立关键岗位的人才素质模型，提高招聘准确率； （3）拓宽人才招聘渠道，保证专业技术、管理人员等关键岗位的人才储备。
	2	打造以公司战略为导向的企业文化机制	×××	（1）重新梳理和提炼××企业文化，包括使命、愿景和价值观。并通过VI、市场、培训和员工活动定期宣贯； （2）建立增强业绩、正激励的绩效管理体系和绩效文化，保障组织和个人目标的一致性； （3）建立具有竞争性的薪酬福利体系，创建共享、共担、共赢的企业文化。
	3	建立系统的培养体系	×××	（1）建立系统的培训体系，加大培训投入，建立内部内训师体制，通过传帮带有效传递××标准成果和经验； （2）建立系统的培训体系（干部管理体系、新员工培养跟踪体系、内训师培养体系），提高软性成本投入； （3）重点关注技术、销售成长和干部管理，提升营销团队和项目经理的专业能力和管理能力。

五、年度计划的实施

各部门年度计划,是根据经营计划的内容分解到每一个部门的具体工作计划。在很多公司中,人力资源经理会提议举行闭门会议,然后进行团队文化建设,每个人制作一个PPT汇报。虽然这种方式能够营造良好的氛围,但销售部门目标明确,而职能部门却过于笼统,实际的执行过程和结果都很一般,且费用较高。虽然大家反馈良好,但效果并不理想。

因此,首先要做好经营计划,再对部门年度计划表进行会议讨论和汇报,最后再进行团队建设。表3-7是年度计划表,由于表格太大,因此在此省略了时间进度细节的内容。具体的工作内容要根据以下表格分解到每个月,每个月针对每项工作,确定具体的行动计划、完成情况以及相关成果。

表3-7 人力资源部2020年度工作计划

人力资源部2020年度工作计划															
计划内容			时间进度													责任岗位
一、招聘管理与管理提升(20%)			一季度			二季度			三季度			四季度				
工作内容	业务描述	成果标准	所需资源和支持	1	2	3	4	5	6	7	8	9	10	11	12	
1 完成2020年度招聘计划	人力资源规划确定版	2020年度人员编制计划表	/														
2 按月度计划完成关键岗位人员招聘工作	年度招聘计划	月度招聘需求表、招聘需求申请表、人员招聘到位	各部门提交每月招聘需求														

续　表

人力资源部2020年度工作计划															
3	年初校招	与学校沟通洽谈	汇总2020年各大学校招信息，预估招聘效果并报名参与	招聘会报名费用（3、4、5每月一场）											
4	拓宽招聘渠道，引进高端人才，满足用人需求，有些岗位建议用猎头	年度招聘计划	招聘网站、猎头公司确定合作；内部奖励制度宣贯												
二、绩效、薪酬、工会管理（15%）					一季度			二季度			三季度			四季度		
	工作内容	是否关键节点	成果标准	所需资源和支持	1	2	3	4	5	6	7	8	9	10	11	12
5	绩效管理	是	2020年各部门年度绩效考核汇总；《绩效考核制度》审批并下发实施；员工月度绩效考核结果	各部门每月2日前提交月度绩效考核表												
6	工会对接	是	费用活动方案使用	无												
7	2020年考勤制度修订及实施、使用钉钉	是	1月学习使用钉钉	公司所有人都参与												

续 表

			人力资源部2020年度工作计划												
8	2020年薪酬制度修订及实施	是	1.《薪酬管理制度》审批并下发；2.判定员工月度工资表 3.员工手册修改	项目、销售部每月5日前佣金提交上报											
三、培训管理（40%）					一季度			二季度			三季度			四季度	
	工作内容	是否关键节点	成果标准	所需资源和支持	1	2	3	4	5	6	7	8	9	10	11	12
9	完成2020年度培训计划的评审及实施工作	是	2020年度部门培训需求汇总表、年度培训计划	各部门提交2020年度部门培训需求表											
10	培训体系建设干部培养计划	是	内训师培养体系、经理主管进阶培训	参训人员必须参加学习，不得请假											
11	干部管理体系培养	是	主管进阶、经理进阶、总监进阶	参与人不可缺课											
12	新员工培养计划	是	培养与跟踪计划	参训人员必须参加学习，不得请假											
四、企业文化与员工关系（15%）					一季度			二季度			三季度			四季度	
	工作内容	是否关键节点	成果标准	所需资源和支持	1	2	3	4	5	6	7	8	9	10	11	12
10	社保管理	否	《员工社保缴纳方案》												

续　表

人力资源部2020年度工作计划																
11	企业文化	是	《××企业文化实施方案》													
12	员工手册	否	《××员工手册》													
13	员工考勤、异动管理	否	《员工考勤管理规定》													
14	劳动合同签订、关注员工思想	否														
五、行政管理（15%）					一季度			二季度			三季度			四季度		
工作内容	是否关键节点	成果标准	所需资源和支持	1	2	3	4	5	6	7	8	9	10	11	12
15	建立后勤管理体系	是	《差旅招待费用管理规定》《固定资产及办公用品管理规定》《车辆管理规定》《公文管理规定》《印章管理规定》《档案管理规定》													
16	食堂宿舍管理	是	1.食堂食材新鲜；2.食堂菜量合理安排													

续 表

		人力资源部2020年度工作计划												
17	日常行政管理（固定资产、采购、用章、证照管理）	是	采购、新资质办理统筹											
18	证照年审、资质延期	是	各种资质管理年审核	各部门提供相关资料										

针对企业的工作计划，每月的具体内容都需要分解得越细致越好，这样才能确保实施的可行性和可控性。然而，很多公司的绩效考核对企业并没有推动作用，其原因有很多方面，其中一个重要的因素是缺乏清晰的战略和经营计划。核心行动计划不明确，再加上各部门年度计划的过程也不够明确，导致没有办法将工作计划分解到每个月。

因此，企业需要制定清晰明确的战略和经营计划，并将核心行动计划明确下来。同时，各部门也需要在年度计划中规划每个季度和每个月的具体工作计划，确保整个过程的清晰可控。只有这样，企业才能够高效地推动工作的实施，提高绩效的实现效果。

六、年度考核的实施

完成年度计划后，企业将制定年度考核目标责任书，将年度计划、岗位重点和公司经营计划的核心重点进行整合。最后，再添加5个学习成长指标，进行年度评分，以此来确定年终奖金、分红和晋升机会等奖励措施。实施双向考核，抓取年度计划、岗位重点和公司经营计划三个核心重点，确保考核结果对实际工作实施具有指向性和管理调控性。有些企业直接将12个月的月度绩效平均计算，这种做法也是可行的，但是缺少明确的指向性和管理调控性。

举个例子，假设某公司普遍存在较高的离职率，可以在年度考核表中添加人员流失率指标，并将控制范围确定下来，以此来控制离职率。部门年度计划和月度计划也一并考核过程和结果，如果想更突出结果，可以在年度考核表中直接考核利润指标。具体实例如表3-8所示。

表3-8 人力资源部年度考核表

编号	指标名称		权重	2020年		指标定义或计算公式	计分方式	数据提供者	考核得分	考核说明
				基本目标	挑战目标					
1	财务维度	销售额（亿）	10%	10.5亿	12亿	实际签约总额/计划签约额	得分＝完成值/基本目标×权重	财务部		
2		人均效能	25%	800万	850万	年度销售收入/人数×100%	得分＝完成值/目标×权重	人力资源部/财务部		
3		行政费用预算控制率	10%			（实际费用支出－预算）/行政预算×100%	得分＝完成值/目标×权重	财务部		需要沟通
4	内部运营维度	年度计划达成率	30%	90%	95%	计划实际完成数/计划总数×100%	得分＝完成值/基本目标×权重	运营部		

续 表

编号	指标名称	权重	2020年 基本目标	2020年 挑战目标	指标定义或计算公式	计分方式	数据提供者	考核得分	考核说明
5	学习与成长维度 关键岗位员工流失率	25%	15%	10%	本部门离职核心员工总人数/本部门核心员工总人数	$X \leq 15\%$ 为满分，$X > 15\%$ 为零分	人力资源部		流失核心员工是指主动离职的职能部门主管及业务部门工程师及以上员工（入职满足3个月以上）

说明：内部运营维度是考核年度计划整体内容，通过评估年度计划表得分，可以确定年终奖金、分红和股权等奖励措施的发放。

七、各部门管理人员的分工

在年度考核完成后，各部门负责人需要将部门的工作分解到每个岗位。具体的操作步骤如下：

公司层面承接宣传，将部门的年度计划内容、年度考核内容以及部门核心事项作为议题，在部门内召开会议。通过会议，让每位员工都清楚了解部门的重点工作和目标，以及自己岗位的价值和任务。

对岗位说明书进行梳理和审核，主要是审核岗位权利和义务。很多企业的人力资源经理一般会提供一个模板，让各部门填写，然后由部门负责人进行审核，最后再由人力资源部门进行审核。岗位说明书重要的审核点是审核岗位的权利、义务、分工。如果管理水平不高，就不能形成岗位晋升图和岗位工作流程图。如果权利、义务、责任、分工没有梳理清楚，其他的工作都是虚假的。

将审核后的岗位说明书提交给人力资源部。人力资源部门负责收集岗位说明书的审核权责、义务、分工，同时也要包括在招聘时人才画像的具体要求。

综上所述，各部门负责编写自己部门的岗位说明书，并将部门的责任分解到每个岗位和员工。人力资源部门负责统筹和掌握专业内容。

八、绩效的提取

在进行绩效提取前的准备阶段，需要综合考虑企业诊断、人才诊断、企业战略、经营计划、年度计划、年度考核、各部门管理人员的分工等与绩效相关的各方面情况。通过对以上内容的综合分析，选择适合企业的绩效考核工具。需要注意的是，绩效表格的设计底层逻辑和结构比表格内的考核指标更为重要。在不同的绩效考核工具中，绩效考核表格的组合形式也会有所区别。

如何选择合适的企业绩效考核工具呢？选择合适企业绩效考核工具如图3-3所示。

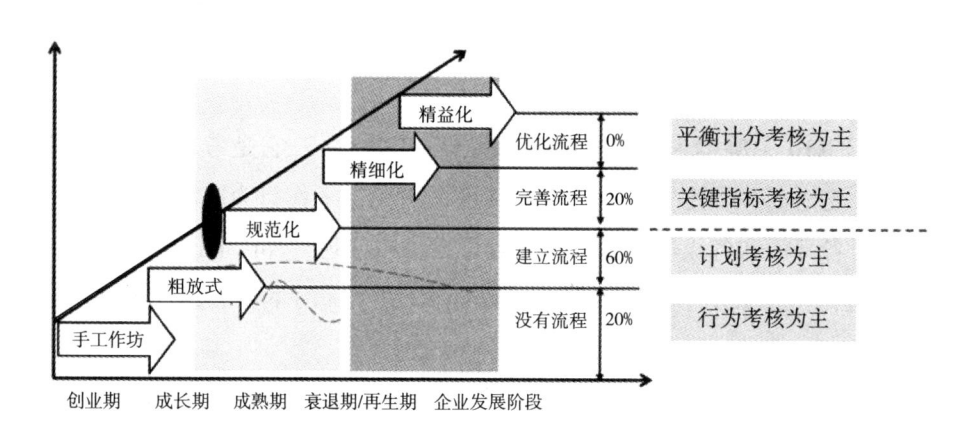

图3-3 选择合适企业绩效考核工具

图3-3相对简单易懂，但企业的情况并不仅仅在单一阶段中发生。例如，一个组织可能正处于成长阶段，但其管理水平仍停留在创业阶段；或者组织已经进入成熟阶段，但管理水平仍处在成长阶段。另外，如果一家企业处于成长阶段，但其管理水平已经降至衰退期，则其难以留住人才，除非采取合伙人计划。

当然，这种计划可能存在不平衡问题，导致无能力者管理有能力者，这时需要及时调整以避免企业发展危机。如果企业处于外部环境不好的情况下，很难在这样的环境中生存；但如果外部环境好，则仍然有盈利的可能性。

在提取绩效之前，还需要了解绩效考核使用考核工具有哪些。

（1）KPI 关键绩效指标（Key Performance Indicator）是通过对组织内部流程的输入端、输出端的关键参数进行设置、取样、计算、分析，衡量流程绩效的一种目标式量化管理指标，是把企业的战略目标分解为可操作的工作目标的工具，是企业绩效管理的基础。KPI 可以是部门主管明确部门的主要责任，并以此为基础，明确部门人员的业绩衡量指标。建立明确的切实可行的 KPI 体系，是做好绩效管理的关键。关键绩效指标是用于衡量工作人员工作绩效表现的量化指标，是绩效计划的重要组成部分。

（2）PPI 考核指工作计划绩效指标考核。PPI 考核是个人潜力指数的英文（Personal Potential Index）缩写，由美国教育考试服务中心 ETS（Educational Testing Service）组织测试。目的在于在 GRE、托福等学术、语言考试之外，为国外大学的申请者提供一个可以向大学证明其"非认知的技能和个人核心品质"的测试机会。在中国主要应用于企业发展初期和特定的行业如房地产的工程项目考核、工厂生产计划考核、教师的教学实施计划考核，还有些不可量化的职能岗位的考核。

（3）KBI 关键行为指标（Key Behavior Index）。它是考查各部门及各级员工在一定时间、一定空间和一定职责范围内关键工作行为履行状况的量化指标，是对各部门和各级员工工作行为管理的集中体现。部门 KBI 得分不仅取决于所属全体员工 KBI 得分的简单叠加，也取决于部门本身的组织结构和管理模式。

（4）KSF 又称为"关键成功因子"（Key Successful Factors），是指决定岗位价值的最有代表性和影响力的关键性指标。决定岗位成就的只有少数的关键因素，这些因素具有规律性、决定性、成长性、关联性等特点，每一个因素代表一份特定价值，并与员工薪酬、晋升、奖励相关，聚焦这些因素，并视其为核心目标。

（5）KCI 关键胜任能力指标（Key Competency Index），是指对考核对象的高绩效达成的关键胜任力的评定，通过工作行为评定把能力、个性、动机、态度等进行量化和定性，最终使得反映绩效的过程影响因素可控、可观察、可培养。

OKR 目标与关键成果法（Objectives and Key Results），是一套明确和跟踪目标及其完成情况的管理工具和方法，由英特尔公司创始人安迪·葛洛夫（Andy Grove）发明。

目前，在中国的中小型企业中，选择适合自己企业发展的绩效考核工具需要考虑企业的发展阶段和管理水平。例如，一个组织正处于成熟阶段，但其管理水平还在初创期向成长期过渡，这种情况下，由于人才匮乏且管理水平低下，如何选择绩效考核工具呢？首先，成熟阶段的企业应该以关键指标考核为主，但由于之前没有绩效管理，此时需要进行组合，采用平衡计分卡来进行经营计划的考核，而管理层的考核则必须结合 KPI、KCI 和 KBI。对于地产和生产类企业，考核指标可能是 KPI、PPI 和 KBI 的组合。需要注意的是，这只是一个例子，不适用于所有的企业，具体问题要具体分析。一旦选择好了绩效考核工具，指标便可以填充核心指标。

绩效指标的提取可采取以下方式：

（1）场景：需在会议室。

（2）参与人：人力资源经理/绩效经理、考核岗位代表、考核岗位代表的直属领导。

（3）讨论方式：以人力资源经理/绩效经理提出表格框架为基础，以直属领导提出的岗位考核为重点，以岗位代表提出的岗位重点和岗位重点的权重为核心。秉承谁离岗位最近谁就有发言权的原则。

（4）确定：确定会议讨论内容。

（5）备注管理方式：表格里备注企业高压线和绩效考核签字确认栏。

（6）模板统一：由人资统一模板确认后发给每个部门负责人，并告知实施步骤。

在提取绩效指标方面，可以直接使用同行业中已经应用的 KPI 或目标管理的考核，并根据公司岗位说明书来提取指标，然后进行考核和打分。这种方法在一定程度上是可行的，但同时也会出现许多问题。例如，绩效执行了几个月后，出现了许多问题，而无法解决，可能会导致绩效管理的停滞。另一种情况是，即使实施了绩效管理，但效果不佳，却又不知如何修改。与未实施绩效管理相比，这样的情况对企业的伤害更大。具体的解决方案将在本书的第四章中给出。

九、月度绩效的实施过程

制定好月度绩效考核表格后，由人力资源部组织会议确定如何推动绩效考核。具体流程如下：每月的 30 或 31 日，各部门要提交当月的绩效考核表格给直属领导。直属领导完成对下属员工的评分后，在次月的 1—3 日之间逐一面谈，然后签字提交给人力资源部。如果需要下属的绩效数据相对应，部门经理则需要在当月的 1 日之前提交给直属上级。每一位管理者都需要和下属员工面谈，谈论当月绩效考核评分以及下月的绩效目标。具体面谈的方式和技巧，将在第四章中详细讲解。

每个管理者只负责谈论自己的直属下属的绩效考核，不跨级谈论。例如，经理只谈核心员工，主管只谈老员工和老师傅。如果有新员工，则由老师傅进行管理和面谈。如果是主管管理的员工，则由主管进行面谈。绩效管理提取完成后，建议先试运行几个月，不和薪酬进行关联，先把流程跑通。具体试运行的时间要视公司的具体情况而定。试运行期间要不断地测算绩效，实施第一个月之前也要测算每个员工的绩效得分，与没有修改绩效前的薪酬设计进行对比，适时调整。

由上述内容可知，月初的 1—3 日是绩效面谈时间，5 日之后开始进行绩效辅导，月底的 3 天是做本月的绩效考核和下月的绩效面谈的时间。同时，在不同的时间段要进行复盘，拿出优秀的案例进行分享和培训。

判断题：

1. 绩效管理不是人力资源部一个部门的事情。（   ）

2. 绩效工具是直接对岗位的关键指标进行考核。（   ）

3. 营销部的绩效和提成是一回事，可以随时调整。（   ）

4. 职能部门的绩效考不考核都差不多，就别考核了。（   ）

5. 一个公司每个月有销售额就可以，不用做绩效管理。（   ）

第四章　绩效管理实施第一阶段

一、月初谈目标

在绩效管理中，制定目标是重要的一步，能够帮助管理人员更好地管理自己的部门，并提高效率。以下是目标分配的具体步骤：

第一步：目标说明。直属领导安排员工去制定目标。如果员工自己不知道如何制定目标，可以参照现行的绩效考核提出重点考核方向和部门当月目标，并制定相应的框架。例如，在销售岗位上，主管可以要求员工填写自己的目标，然后提交给直属领导。在约定面谈时间之前，员工先说明为什么定这个目标。

第二步：目标确认。直属领导审核员工的绩效表，并安排面谈时间。在面谈时，员工首先说明自己定这个目标的原因。如果直属领导比较满意，直接进入第三步。如果直属领导需要添加补充的内容，需要说明缘由，并得到下属的同意。

第三步：目标草拟。直属领导将补充的内容先用笔写出来，然后离开会议室让下属将内容加入电子表格中。

以上步骤中，每一次面谈不仅要说出明确的目标，还需要把目标的具体实现方案、时间节点、数量、具体事件、质量等要素说清楚。这样能够确保下属清楚了解要做的事情和实现目标的路线图，从而更好地完成任务。

在绩效管理中，让下属参与制定目标是非常重要的。这可以防止员工对目标产生怀疑和不满，导致员工流失。以下是一个真实的案例，可以证明这一点。

在一家电商公司，部门经理给运营人员分配任务，其中一个员工问："为什么我的目标比其他人多？"部门经理回答："这是公司的规定，我也没办法。"该员工很快离职了，即使给他降低目标也不愿意留下来。这个案例说明了让员工参与制定目标的必要性。

有时候员工会说："绩效目标不是分解出来的，而是根据员工业绩谈出来的。"如果这样做，企业将很难达到自己的年度营业额目标，整个公司的发展速度也会放缓。原因在于，绩效目标应该是分解出来的基础目标。只有在第一年执行计划后，才能知道这些目标是否合理。这些目标应该由部门负责人分解到不同的岗位。如果同一个岗位的员工根据自己的能力和当月的外部环境去设定目标，会更加合理。如果没有基础数据，而是直接了解上月的数据来设定目标，整个团队的进展速度会变慢。这也会导致一个问题，即如果设定的目标太低，就无法适应外部环境的变化。企业的目标制定必须依据内部管理和外部环境，否则就是闭门造车。

在员工参与目标制定的过程中，要注意员工的个性和能力，建议他们设定实际可完成的目标，并适时地进行评估和调整。同时，管理者需要给员工适当的鼓励和支持，让他们敢于跨出第一步，不断提高自己的绩效。

在绩效管理中，有一种员工非常排斥谈论目标，甚至不想参加考核。有些企业会直接将这样的员工辞退，但这种处理方式会给企业带来不良后果。

一家企业将这类员工辞退后，员工可能直接去劳动仲裁。由于员工已经过了试用期，仲裁结果是企业不占优势，有可能遭受较大的损失。在这种情况下，企业应该考虑如何与这类员工有效沟通，找到合适的解决方案。

在处理这种问题时，企业管理者可以深度沟通并询问员工的想法。也许这种员工之所以排斥谈论目标，并不仅仅是因为考核问题，还可能是处于一种情绪问题或误解之中。因此，深入了解员工的情况，可以找到解决问题的方法。

如果员工有什么特殊的想法或感受，企业应该给予关注和理解，并积极参与，而不仅仅是要求员工去配合考核。如果员工感受到企业的关注和理解，他们可能会变得更加配合和努力工作。这种做法不仅有益于企业的发展，也有利于员工的职业发展。企业在处理这类员工问题时，应该采取积极的态度，去了解员工的需求，包容员工的想法，着眼于解决问题，并为员工提供支持和帮助。如果企业能够协商和解决问题，员工的态度也可能会得到改善。

在处理类似的案例时，企业应该灵活运用各种解决方案，避免走入死胡同，并寻求专业人士的帮助和意见。这样不仅可以解决问题，还可以提高企业的绩效和效率。

案例：刘老师是一家知名地产咨询公司的项目经理，进入了某地产开发集团公司，全权负责该公司管理咨询项目；王经理是整个管理咨询项目的项目经理。

刘老师进公司后让项目经理（王经理）先去开会，营销总监斜着眼睛看了一眼刘老师，然后问道："你们来找我有什么事？"

刘老师没有和营销总监说指标的事情，直接笑着说："刘总，这5%有什么好讲，之前45%的营业额也同意了，您在乎这个？"

营销总监脸上的表情缓和了下来，他笑着说："我也不是在乎，只是太气人，营销部定指标我这个营销总监全程没有参与，不仅如此，公司经营计划会我也没有参加，全程被安排。既然你们的项目经理觉得自己提出的指标很专业，那我就和他好好掰扯一下什么叫专业，什么叫指标合理，什么叫权重合理，谁说了算。"

刘老师听完后，不禁有些诧异，然后问道："这是怎么回事？难道公司没有通知你参加会议吗？"

营销总监苦笑了一下，说："是啊，营销副总就是不想让我参与，他觉得我的水平不够高，没有资格参加这样的会议。"

刘老师心里明白了，他说："这样的情况确实很不合理，我们需要做的就是把营销总监的权责与营销副总的权责在公司里划分出来，并组织公司高层管理会议和营销中心会议。"

营销总监点了点头，然后说："非常感谢你们的支持和意见，我们的团队非常需要这样的支持。我们会继续努力，争取让整个团队的业绩再上一个台阶。"

之后在营销总监的带领下，整个团队的业绩较上一年度提升了50%，大家也意识到，只有合理的部门沟通和权责划分，才能让公司更好的发展。

通过以上案例的反思和总结，我们深刻认识到一个新的管理者需要多给予他实践的机会，在管理活动进行中看到的问题并不意味着就是真实存在的问题，而且表面上所呈现出来的问题解决时所带来的结果也可能是错误的。因此，我们需要从管理者的角度去了解和掌握更多有关员工的信息，去了解和探究一些问题的本质，不仅要有眼前利益，还需要从长远利益和整体利益出发进行考虑，这是十分重要的。

在制定目标的过程中，员工的参与是十分重要的。员工参与制定的目标不仅可以更好地反映员工对自身工作的期望和需求，而且还可以让管理人员更加全面地了解员工的内心真实想法，进而更好地开展激励和调动员工积极性的工作。因此，目标的制定应该充分考虑员工参与的因素，并在过程中积极地引导员工表达自己的意见和想法。

在目标面谈的过程中，需要注重以下原则：

（1）充分了解双方的期望。在面谈前需要准备，把可能出现的问题都要预测出来。

（2）充分实现目标所需的资源和条件，而不是讨论目标太高太低的问题。在谈目标时不要陷入目标太高太低之中，应该从实现目标所需的资源和条件出发。

（3）寻求解决的途径和方法。如果实现目标真的有一定难度，需要去寻找解决的途径是什么，方法有哪些。

（4）寻求共同点。目标面谈是寻求共同点，不是找不同。

（5）以肯定的态度去讨论目标。在目标面谈的整个过程中，上级要以肯定的态度去讨论目标，如果一开始就否定下属，面谈很难继续。

（6）寻求自身的改进之道。在绩效目标面谈过程中多寻找自身的改进。

但是，目标提出后员工说做不到怎么办？

在绩效目标面谈中，员工说做不到的情况较常见。当员工说做不到时，依据绩效目标面谈的原则，应先了解对方的期望值，然后在对方期望值上让员工试一试看能否达到目标，之后再与员工沟通实现目标所需的资源和条件。

员工绩效合约五项基本原则如下：

（1）目标：能量化尽量量化。如销售部4月份销售目标500万，回款额300万。

（2）标准：时间、节点、质量、结果呈现（不可量化要事件描述具体化）。如人力资源部4月份完成6场客服的岗位技能培训，在4月28日前完成，每场培训课后评估分95分以上，每个参与培训的人对客户接待流程能独立实施，对平台奖惩规则熟悉，每日转化率需在20%以上，低于20%的需要重新参加培训。

（3）考核：经常化。绩效考核一定是以月为常态日常考核为主，有些集团公司是以季度；考核经常化为主是最好的，可以快速调整和推动企业的发展。

（4）可行性。目标制定要与员工的能力和过往表现相对应。

（5）相关性。目标与哪些事件、哪些内容相关，把相关事件、具体过程把控好。

绩效管理循环当中，绩效目标拟定是非常重要的，如果绩效目标拟定成功，绩效管理就成功了一半。剩下的就是绩效辅导。

绩效目标的制定和评价，在管理过程中扮演着至关重要的角色。一方面，它反映了企业对员工工作成果的期待和要求，是企业管理的重要指标；另一方面，它也是对员工的激励和考核手段，影响着员工的积极性和工作态度。

然而，在绩效面谈的过程中，往往会因上下级存在认知差异而导致评价结果不一致，让员工觉得不公平或不理解自己的得分。为了避免发生这种情况，上级需要在绩效面谈中清晰地阐述绩效目标的内涵和标准，对实现目标的具体行为和成果进行详细描述，并与员工确认评价标准，以便员工明确绩效目标和达到预期结果的具体方法和标准，同时避免评价结果的分歧。在绩效辅导过程中，上级也需要为员工提供必要的支持和资源，确保员工能够按照要求高效地完成任务，从而达成具体的绩效目标。此外，在绩效目标面谈的过程中，沟通和互动也很重要，可以帮助员工更好地理解和接受评价结果，同时激励员工不断努力提升工作质量和效率。

绩效目标的面谈是绩效管理过程中的重要环节和第一环节。要确保绩效目标的公平公正，需要从制定、评价、辅导等多个方面进行深入思考和有效管理，不断优化绩效目标的制定和绩效面谈的方式，以提高企业的绩效水平和员工的工作满意度。

二、月中做绩效辅导

（一）什么叫绩效辅导

绩效辅导是指管理者与员工就工作进展情况、任何潜在的障碍和问题、解决问题的办法措施、员工取得的成绩以及存在的问题和管理者如何帮助员工等信息进行讨论的过程，即一旦制定了绩效目标，管理者就帮助员工实现这些目标的整个过程，称为绩效辅导。

绩效辅导的重点在于管理者和员工之间的交流和互动，以促进员工对任务的理解和技能的提升，并确保完成任务的质量和效率。在绩效辅导的过程中，管理者不仅要关注员工的工作进展，还要关注员工的情感和心态，提供必要的支持和资源，帮助员工消除工作上的不确定性和焦虑情绪，并激励员工保持积极性和高效率。

绩效辅导的目的在于帮助员工发现潜在的问题，提高工作能力，优化工作流程，从而实现目标，进而改善企业绩效和员工满意度。如果管理者能够有效地进行绩效辅导工作，可以提高员工的工作积极性，促进工作效率的提升，提高企业绩效，同时也有助于员工的职业发展和成长。

绩效辅导是企业管理中非常重要的一个环节，需要管理者重视和积极支持，为员工创造一个良好的工作氛围，提高员工的工作能力和满意度，从而实现企业可持续发展。

绩效辅导中，有效的绩效沟通是非常重要的辅导方法。有效的绩效沟通不仅仅需要掌握沟通技巧，还需要选择适当的沟通形式。在绩效管理中，常用的正式沟通方式包括书面报告、会议沟通和一对一面谈沟通。这些沟通方式可以帮助管理者更加清楚地了解员工的工作进展情况、遇到的问题和难点，以及如何协助员工解决问题和达成目标。

在绩效辅导的过程中，管理者还需要采取一系列的措施并开展相关活动，以帮助下属达成绩效目标。这些活动包括培训、分享会、辅导、案例讲解会、进度推进会、问题解决会、进度沟通会、进度汇报会等。通过这些活动，管理者可以提高员工的工作技能和知识水平，减少员工在工作中遇到的问题，并促进员工之间信息的分享和沟通。

绩效辅导过程中，绩效沟通和相关活动扮演着非常重要的角色。管理者需要挑选适当的沟通方式和活动，以帮助员工克服困难和达成绩效目标，同时提高员工的工作品质和效率。有效的绩效沟通和辅导可以促进企业和员工的共同发展和进步。

(二)绩效辅导的必要性

1. 管理者需要掌握员工工作进展状况，提高员工的工作绩效

举例如下：A 公司是一家电商公司，小陈是某网络销售平台的运营专员，直属领导王经理是 A 公司的运营经理。员工月初制定目标后，王经理没有和小陈做任何沟通，也没有给予任何协助。直到月底打分时，小陈给自己打了 90 分，但王经理只给他打了 85 分，没有进行面谈。小陈决定找王经理沟通。

小陈（员工）："我觉得自己上个月的绩效表现还不错，因为我很努力，也做了很多超越要求的工作，所以我自评 90 分。不过，我感到有点困惑，因为你给我打了 85 分。不知道我有哪些方面做得不够好呢？"

王经理："上个月我看到了你的努力和付出，但是在实现目标的过程中，我们发现了许多流程方面的问题，导致成本大幅增加。"

小陈（员工）："月初，我曾经问你有没有其他要求，你说只要我提出来，你就会给予支持，所以我没有打扰你。刚刚提到的成本问题是其中之一，我需要支持来完成目标。特价产品成本是资源，而你也担任了预算审批人，这也带来了一定责任。我觉得如果你提前教我一些改进成本方面的方法，可能我们可以一起更好地完成目标。"

王经理："我的确支持你，但你也可以学习更多的知识来优化成本和流程。我相信，我们可以一起面对挑战，找到解决方案。下个月我们可以尝试使用更有效的方法来完成目标。"

小陈（员工）："如果这样，你也可以在月初的时候教我吗？"

王经理："当然可以，但我还是会在月底和你谈话。"

但是，从那时起，王经理发现小陈在部门活动中总会请假或离开，每个月的绩效目标面谈也变得越来越难，因为小陈不愿承担更多的挑战或额外的工作。人力资源部多次与小陈谈话，但是他似乎还是没有太大的变化。他成了公司的一个问题员工。

从小陈的案例中可以看出，绩效管理不能仅仅是监督员工的绩效和行为，而应该是辅导、教育和指导员工的过程。管理者应该帮助员工理解公司的目标和要求，并提供必要的支持和培训。如果员工出现业绩问题或行为问题，管理者应该及时和员工进行面谈，找到解决问题的方法。

案例中这种管理思维认知是错误的，因为它只是把绩效管理当作一种监督工具，而忽视了管理者对员工业绩和行为的实质性负责。管理者要对员工的绩效和行为进行跟踪和评估，并根据情况及时进行调整和改进。类似的问题也常常出现在一些企业的招聘和员工管理中。有些管理者认为只要找到一个行业经验丰富的人，就可以让他直接上手工作，而不去关注员工专业技能的提升和行为管理的培训。这种做法是不可取的，因为每个员工都需要适应企业的工作模式和文化，也需要不断学习和提高自己的专业技能和管理能力。因此，管理者需要认识到自己对员工发展的重要性，并采取切实有效的措施，提供相应的支持和培训，让员工得到全面的发展和成长，也帮助企业提高绩效和业务能力。

2. 员工需要管理者对工作进行评估和辅导支持

在企业管理中，员工的工作表现是一个重要指标，需要管理者对其进行评估。通过小陈的案例我们不难发现，若只是事后评价，上级没有参与协助下属的工作推进，部分员工可能无法接受改进，即使方法流程是正确的。因此，管理者需要与员工一同推进工作，提供必要的辅导和支持，而不是只进行评价、要求和苛责。

在实际的工作中，积极乐观、愿意学习、支持团队各种活动、学历高、关键能力出色的员工是企业的宝贵资源。他们往往是企业招聘的优先选择，也是管理者轻松管理的对象。但是，在招聘规模大于人才数量的情况下，管理者还需要通过提升管理水平，将普通员工培养成为人才。

管理者应该为员工提供必要的辅导和支持，并根据员工实际情况，制定相应的辅导方案，提供必要的培训和指导。在工作中，管理者需要关注员工的表现，及时发现问题并给予支持和帮助。这种针对性的辅导和支持，能够提升员工的工作能力，增强员工的工作意愿，形成负责任的态度。

对于那些持续努力，但未取得很好结果的管理者来说，这并不意味着管理者的努力白白付出。相反，这也许是管理者需要继续努力和学习的过程。在管理工作中，需要不断地进行量变到质变的转化，进一步提高自己的管理水平，完善自己的管理能力。只有如此，才能够让企业在未来的发展中取得更好的成绩。

3. 对绩效计划进行调整

绩效辅导是对绩效目标、计划及时调整的重要环节。原则上不应随意进行调整，但在某些特殊情况下，仍需要进行相应的调整。例如，在一个位于陕西省的三线城市的工程项目中，项目经理每月按照年初的倒排计划推进工作。然而，2018年11月出现了冻土现象，导致项目经理无法按时完成工作。往年11月一般不会出现冻土现象，2018年11月却下起了雪，导致早早进入了冻土季节。为了考核项目经理的绩效，以往的考核内容主要是基于计划完成情况的。但是，按照此要求继续推进工作显然对项目经理不公平，因为考核指标未考虑到情况的特殊性。此时，工程副总及时反馈问题，管理人员前往工地查看后，调整了绩效考核内容，重新制定临时性绩效考核计划，将重要的事件列为优先目标。这样做是基于非抗拒性因素的考虑，有必要及时调整绩效考核指标、绩效目标及计划。当然，一些公司可能不会进行调整，而是直接扣除项目经理的薪酬。笔者曾提出建议，但公司却一意孤行。这种情况可能导致项目经理离职，公司不得不高薪聘请新的项目经理，这不仅浪费了公司资源，也会影响团队的稳定性。

外部环境的变化可能导致绩效目标无法达成。例如，在2020年计算机电商运营中，4月份的销售目标为200万。但是，由于芯片短缺，供应链经理推迟了采购计划。这导致线上平台出现了大量退货，销售额只有100万左右。这种情况下，运营经理的绩效未能达成。然而，在绩效沟通中，公司却对运营经理扣除了大部分绩效工资。公司的解释是：绩效是契约，未能达成就必须承担责任。业绩好的时候员工可以多拿报酬，但当遇到困难时，领导者应该主动出击，为公司排忧解难。

虽然这种说法看起来很有道理，但实际上，当外部环境发生变化时，公司可以临时调整考核内容，以便员工能够充分发挥其作用。我们可以适当地强调过程管理的作用，作为考核的一部分。如果不进行调整，反而会让员工感到寒心，这对公司长远发展并没有什么好处。

（三）绩效辅导的内容

绩效辅导是在考核周期中，为了帮助下属或下属部门实现绩效目标而进行的辅导。在辅导过程中，包括具体指标、方向引导和鼓励促进。

具体指标是指在考核过程中会有一些明确的指标，员工需要按照这些指标完成任务。这些指标可能是具体的工作内容和时间要求，也可能是某些关键绩效指标。例如，如果员工在完成一项任务时表现得很好，就会得到100分；而如果管理者在完成同样的任务时表现优秀，只能得到90分。这种情况可能导致员工和管理者在心理上感到不太公平，因为他们的"衡量标准"不一致。

方向引导是指在绩效辅导过程中，领导对员工或部门管理的方向进行指导。这包括流程方向、具体实操方向、成本把控、团队管理和团队建设方向等。

鼓励促进是指领导在员工或部门管理绩效辅导过程中，通过鼓励和支持，帮助员工克服心理上的困难。当员工承受实际压力时，心理可能会产生波动，开始时会努力工作，但随着问题的出现，内心会产生怀疑。此时，领导的鼓励和支持能够给员工提供必要的支持。当员工再次尝试没有明显效果时，他们会再次产生怀疑，甚至想要放弃。在这种情况下，领导可以以身作则或找到优秀的团队成员来给员工提供引导和鼓励，这将有助于员工认知思维的打开。即使在月底的最后一周仍然没有达标，一些员工可能会想要放弃，但领导的鼓励和支持，可以帮助员工完成奋斗的最后一关。这可能会产生奇迹，也可能不会有业绩上的突破，但整个过程会让员工成长。这个过程是一个复制成功体验的过程，许多人急于放弃，是因为他们缺少成功的体验，或者错误理解成功体验是短暂而快速的。如果直属领导真的这样带领团队，那么这个团队的绩效必将越来越好。

总结绩效辅导是贯穿于整个企业管理过程中的，不仅仅是开始和结束阶段，而是贯穿于全过程中。绩效辅导在整个绩效管理过程中发挥着重要作用，是企业文化落地的关键环节。对于中小型企业来说，简单的兼职内训师体系无法有效实施人员培养计划，因为中小型企业缺乏多余的人力、物力和财力。这些企业通常是一个人兼任多个职位，没有足够的时间去开展培训。这也是中小型企业发展多年，仍然没有能力培养人才，只能通过空降方式引进核心管理人员的原因。

一些企业通过实践案例，将公司打造成学习型组织，提升企业培养人才的能力。他们启动了员工成长计划，通过制定员工技能、理论和实操三方面的培训计划来提升员工能力,与公司的晋升制度接轨。此外,他们调整组织架构和职级划分,推动员工的能力提升,激励员工主动、积极的实践。这些计划和措施还与员工的绩效考核相关,为员工提供优异表现后晋升的机会。

因此,绩效辅导在整个管理过程中扮演着重要角色。中小型企业可以通过实践案例,建立学习型组织和制定员工成长计划,提高企业培养人才的能力,从而在竞争中取得优势。

(四)绩效辅导的作用

1. 管理者与员工紧密联系

绩效辅导在企业管理中具有重要作用,它可以帮助领导了解员工的工作进展情况,及时协调和调整工作,从而提高企业的绩效和效率。具体而言,绩效辅导还有以下主要作用:

第一,了解员工工作的进展情况,及时进行协调调整。领导在绩效辅导中可以了解员工的工作进展情况,包括完成的进度、质量和存在的问题等,并通过沟通和协调帮助员工解决工作中遇到的问题,及时进行调整,确保工作的顺利进行。

第二,了解员工工作时碰到的障碍,提高绩效。通过绩效辅导,领导可以了解员工在工作中所遇到的问题和困难,参与解决问题,发挥领导的作用,帮助员工克服困难,提高绩效。

第三,通过沟通避免一些考核意外的发生。绩效辅导的过程中,领导和员工能够充分地沟通,了解彼此的想法和意愿,避免由于信息不足或理解不同而导致考核失误和意外的发生。

第四,绩效辅导是一个收集信息的过程,领导可以通过绩效辅导了解员工的绩效情况,包括员工完成的任务、存在的问题等。在考核时,这些信息可以为领导提供参考信息,使考核更加具有目的和说服力。

第五,帮助员工协调工作,使他们更有信心。在绩效辅导过程中,领导可以帮助员工协调工作,从而让员工更加明确自己的工作目标和任务,提高工作效率,并让员工更有信心地完成任务。

第六,提供员工需要的信息,让员工及时了解自己的想法和工作以外的改变。在绩效辅导过程中，领导可以提供员工需要的信息，让员工及时了解自己的想法和工作以外的改变，使员工更加了解公司的发展和未来走向，从而在工作中更加积极地发挥作用。

2. 培育企业文化

在绩效辅导的过程中，管理者不仅需要关注员工的绩效和工作情况，还需要将自己的专业知识和管理经验传递给下属，通过绩效辅导带领下属不断进步。这样可以形成一个整体的企业文化，提高企业整体的管理水平和绩效表现。

部分员工可能会抱怨自己没有时间去参加培训活动，管理者可以针对这一情况，将培训活动分解成行为、时间、内容、频率，并将其计入考核指标中。这样可以帮助员工更好地安排时间，提高参与培训活动的积极性和效果。

企业具备良好的人才自我培养能力，能够在工作中减少不必要的麻烦，提高工作效率。通过绩效辅导，管理者能够发现员工的问题和欠缺，并提供相应的指导和建议，帮助员工不断成长和进步，同时为企业的整体发展打下坚实的基础。

因此，绩效辅导是企业管理的重要基础，可以帮助企业建立良好的文化氛围和培育具备良好工作能力和效率的人才，提高企业的经营效果和市场竞争力。

3. 共同成长

在绩效辅导和教授的过程中，无论是管理者还是员工，都能够得到成长和提升，其中管理者成长的幅度尤其明显。通过教授和指导下属，管理者不仅可以锻炼自己的领导和沟通能力，还可以通过面对不同性格、不同专业和不同能力的下属，不断提升自己输出技能和方法的能力。

在辅导下属的过程中，管理者需要倾听下属的需求和想法，发现他们的问题和不足，并为他们提供相应的指导和建议。通过这样的过程，管理者可以逐渐理解不同类型下属的需求和特点，同时加强自己的判断和决策能力，提高自己的领导水平和辅导能力。

（五）绩效辅导

绩效辅导是管理者和员工之间进行交流和改进的重要途径，以下是绩效辅导的九个方面内容：

（1）所有工作目标的进展：管理者需要了解员工在完成工作目标方面的

进展情况，并对进展情况进行评估。

（2）已经完成的工作：管理者需要对员工表现出色的方面给予肯定，并为其提供更多支持和机会。

（3）需要提高和改善的方面：管理者需要发现员工的不足之处，并有针对性地提出建议和改进措施。

（4）员工如何更好地完成绩效目标：管理者需要为员工提供切实可行的帮助和建议，帮助员工实现自我提升和改进。

（5）提高员工知识、技能和经验水平：管理者需要根据员工的实际情况，提供相应的培训和学习机会。

（6）是否需要调整员工绩效目标：如果员工目前的绩效目标不合理，管理者需要与员工进行沟通，并对其进行调整和安排。

（7）管理者与员工达成一致的方面：管理者需要和员工达成共识，确认员工的工作目标和绩效考核标准。

（8）为使员工更好地完成绩效目标，管理者需要做哪些改进：管理者需要为员工提供更好的帮助和支持，为其创造更好的工作环境和条件。

（9）管理者与员工需要进一步进行沟通探讨的方面：管理者需要与员工沟通，了解员工的实际需要和问题，并协助他们解决问题和提高工作效率。

绩效辅导是管理者与员工之间进行有效沟通、提升和改进的重要手段。依据以上九点实施后，转化成以下的绩效辅导九大要求，管理者可以根据实际情况进行调整和运用：

（1）收集和了解员工工作进展情况及存在的问题。

（2）肯定员工已经完成得非常出色的工作方面，并给予表扬和支持。

（3）提出和员工共同探讨工作中需要进一步提高的方面，并提出切实明确的改进意见。

（4）与员工沟通，了解他们如何更好地达到绩效目标，提供必要的指导和支持。

（5）给员工提供培训、学习的机会，提高员工的知识和技能水平。

（6）检查是否需要对员工的绩效目标进行调整，并与员工共同商定落实方案。

（7）确认员工与管理者之间达成的协议和共识，明确员工工作目标和绩效标准。

（8）为使员工更好地完成绩效目标，管理者需要调整及改进自己的管理方式。

（9）与员工进行进一步的沟通和交流，了解员工的实际需求和问题，及时协助他们解决问题，呈现良好的工作环境与氛围。

如果管理者没有经验进行绩效辅导，以上九点可以作为参考，并根据实际情况进行有针对性的调整和运用。在开始进行绩效辅导工作时，如果管理者采用自己的方式进行辅导，可能会受到阻碍，导致员工不敢配合、不太愿意进行有效的沟通。因此，可以约定时间在办公室进行面对面的沟通，或者在员工的卡座上进行私下的交流。最好在会议室进行，这样既能体现重视，也能保障隐私性。最重要的是，管理者需要以一种明确的方式表达自己的要求，同时给予员工足够的支持和帮助，协助他们实现目标。

（六）绩效辅导的两大分类

1. 矫正员工行为

在绩效考核中，及时进行纠正是绩效辅导的必要内容之一。如果被考核者出现了工作目标偏差或者工作表现不佳的情况，管理者应当及时展开纠正措施。

绩效辅导是一种由管理者与下属之间交流以提升绩效、解决问题和改善现状的过程。在绩效辅导的过程中，管理者应当对下属进行必要的检查和反馈。如果管理者发现下属没有完成工作目标，或者工作表现不佳，则需要及时予以纠正。

在探讨问题的过程中，管理者与下属应当及时进行沟通，找出问题所在，并着手纠正。同时，管理者应当针对具体问题，给出可行的解决措施，为下属提供支持和帮助。

通过纠正，既可以实现绩效提升的目的，也可以为员工提供展示自己的机会。在绩效辅导的过程中，管理者应当关注员工的个人发展，给予员工良好的发展机会和发展空间，鼓励他们不断提高绩效水平。总之，在绩效考核中，管理者应当及时予以纠正，帮助员工在工作中克服困难。

2. 提供资源支持

在绩效考核中，被考核者由于职能所限，在某些方面可能会遇到资源调度的困难。而这些资源恰好是被考核者完成工作所必需的。

绩效辅导是管理者与下属之间进行有效沟通、提升和改进的重要手段。在绩效辅导的过程中，需要明确考核目标和工作内容，理解员工职责与任务，确定完成任务所需资源的情况。

如果被考核者在工作中遭遇资源调度困难，管理者应当及时了解具体情况，并寻找解决方案。可以调动其他部门配合和协作，或者在其他方面进行资源的补充和支持。通过这样的方式，可以帮助被考核者确保工作执行所需的资源，并保证任务能够顺利完成。

对于被考核者来说，资源的争取和分配并不是他们能够独立完成的任务，因此管理者应当在绩效辅导中给予足够的关注和支持。同时，管理者也应当了解员工的实际情况，为员工争取更好的资源，创造更好的工作环境，以提高工作效率和完成工作任务的质量。

综上，对于遇到资源调度困难的被考核者，绩效辅导是一种必要的手段。及时沟通解决问题的方式可以帮助员工顺利完成任务，获得员工的认可和信任，提高整个团队的绩效表现。

（七）绩效辅导方式

1. 绩效辅导方式——周会、周报、会议

每个公司都必须举行日常管理会议，但是同一场会议在不同水平管理者的主持下，可能会出现截然不同的结果。有些会议开得热烈高效，有些则会招致下属想要离职。有些企业家喜欢在会议上大肆谴责员工，抨击其他公司。这种管理方式其实是低水平的，因为"知己知彼"的原则意味着要看到自己的优势并且不断发挥，规避自身存在的弱点，而不是拿着自己的短处在会上一遍遍说，却不去提及自己的长处。这样的企业管理风格只会让管理者感到非常疲倦。另外，有些企业一开会就会发生争吵，各部门互相争论，并没有整体推进计划，这是非常不合适的。在公司层面举行的管理会议应该以推进计划为主，每周汇报推进状况、项目完成情况、业绩完成情况，这才是公司层面的管理会议应该

体现的主要内容。当然，在解决问题的会议上，会议只需以单独部门对接为主，而不是整个公司管理层陪同一个部门解决问题。因此，在计划汇报完毕之后可以进行单独交流，以避免出现管理例会的问题。

对会议进行分级：

（1）一级会议。

① 目的：上周总结、下周计划+灭火。

② 时间：30—40分钟。

灭火指的是必须解决的事情，如果不解决它，整个公司的其他工作就很难展开。管理不善或者外部突发情况可能会导致这样的情况发生。如果一个公司的总经理经常处于灭火状态，这意味着这家企业的管理水平相对较弱。

（2）二级会议一阶段。

① 目的：上周总结、下周计划+解决问题。

② 时间：30—40分钟。

与灭火问题相比，常规需要解决的问题在时间和重要性上并不那么紧迫。如果一家企业内部计划管理得当，需要灭火的问题就会比较少，只是偶尔会出现突发的问题，或者是受外部环境的影响而出现灭火问题。

（3）二级会议二阶段。

① 目的：上周总结、下周计划+分享（标杆）。

② 时间：30—40分钟。

如果一家企业能够做好绩效管理（表4-1），花在解决问题上的时间就会大大减少。如果每月都在进行绩效管理，但总经理仍然需要忙于解决问题，这就意味着绩效管理并没有真正落地，只是进行了考核而已。绩效管理如果做好了，可以避免一些问题的出现。一旦从根本上解决了一系列问题，表面上的问题就会减少很多。每周定期分享的好处在于可以从根源上避免一些问题的出现。

在实施绩效管理的过程中，一定会有一些优秀的管理者在不同方面有出色的表现，他们可以在周会上分享他们的经验。优秀的表现会传播和相互学习，这将改变整个企业的氛围，所有人都会在相互学习、相互分享的氛围中工作。因此，即使面对困难，工作也会轻松应对。

（4）二级会议三阶段。

①目的：上周总结、下周计划＋主题分享。

②时间：30—40分钟（轮流主持会议）。

轮流主持会议这一做法是否适用主要取决于企业的需要，并不是每家企业都适用。

（5）三级会议。

①目的：上周总结、下周计划＋培训（多样性）。

②时间：30—40分钟。

在进行不同主题的系列性培训时，务必要注意其连贯性。如果实施过程中花样太多，没有连贯性，这样的会议只能热闹一段时间，却难以产生实质性效果。所谓的系列性，就是要深化一个方向，夯实基础。例如，在岗位技能类案例分享方面，只能选取与岗位技能相关的主题，根据不同的技能流程设立不同的分享主题。在笔者驻场咨询过程中，许多管理只是应对咨询师的抽查，今天分享一下，这样看似不错，但对管理价值非常有限。

表4-1 绩效管理

绩效 目标 面谈	1. 目标怎么谈 2. 员工不接受怎么谈 3. 绩效目标太高了怎么谈 4. 绩效目标面谈过程中员工不说话 5. 职能岗位员工答应好好的，但做的不一样	找绩效面谈优秀者 分享（培训）
绩效 辅导	1. 能力比较差，管理者对这些员工怎么辅导 2. 自己认为自己很厉害、实际能力一般的员工怎么辅导 3. 自己知道，就是不会教下属怎么办 4. 员工反馈绩效辅导很耽误时间怎么处理 5. 教了很多遍，员工就是不改	找绩效辅导优秀者 分享（培训）
绩效 考核	1. 分数打多了，对不起自己的专业；打少了，伤员工的心 2. 员工自我评分很高，我打低了不好意思 3. 打分后员工很生气 4. 员工自己对绩效考核很反感，说扣了他工资 5. 员工每次绩效都写一堆，讲了很多遍	找绩效考核打分优 秀者分享（培训）

续表

复盘	1. 成功因子怎么提取 2. 成功体验的过程如何复制 3. 复盘要怎么总结，要涉及哪些 4. 复盘对团队有什么好处 5. 复盘时间应该怎么安排	找复盘经验强的优秀者分享（培训）

列出主题清单需要相应的管理能力，每个主题都可以细化为很多子主题。对于岗位技能类的主题来说，每个子主题需要每周开展一次培训或分享活动。当然，具体频率也需要根据工作需要而定。如果是岗位技能类的主题，为了保持竞争力，需要经常性地开展培训或分享活动。

从管理的角度来看，开展一级别的会议至少需要8—12个月以上的时间，需要总结归纳，并把一系列问题分门别类，将本质问题与表象问题区分开来。许多企业的管理者每天忙于开会和灭火，却缺乏总结和反思，导致持续处于高度应激状态，陷入恶性循环。举个例子，一名工厂的流水线员工，如果一直重复进行同一件事而不总结反思，即使安排他到其他岗位，他也不愿意改变自己的惯性。同样的问题也会出现在企业创始人和管理者身上，如果他们每天忙于解决问题和灭火，没有时间总结和规划，那么他们就会发现自己一年365天都很忙碌，管理方法却一直没有变化。

对于一家科技类企业来说，管理难以推进，但仍然需要付诸实践。举个例子，2019年有一家公司的常务副总再次找到笔者，进行了40分钟的沟通后发现，其思维仍停留在2014年，说明他没有参与实质性的企业管理。笔者随后去企业了解各个岗位的情况，结果发现：常务副总的能力跟不上，整个企业的人才仍然是2014年培训出来的管理人员，甚至还流失了一些。由于公司没有组织管理层进行培训，管理方式也比较保守，没有太大突破。考虑到人才的流失和中高层管理者的不足，这样的企业如果要进行咨询，必须花费相当长一段时间来改变管理层迟钝的管理方式。从管理的角度来说，管理者开一级别的会议要达到8—12个月以上，要总结归纳，把一系列问题分类，分清楚本质问题和现象问题。很多企业管理者天天开会而不总结反思，每天陷入灭火问题的高度应激状态，其实会持续陷入这样的怪圈。

2. 绩效管理辅导方式——教下属做

教下属做可以带给管理者三方面的好处：

（1）自我成长：教下属迫使管理者对自己的知识进行梳理和总结，提高了自己的知识储备和提炼总结能力，这也是一种非常有用的技能。

（2）员工工作把控：管理者通过教育和培训下属而掌握了工作考核标准，月底可以有据可依地总结和考评，可以提前预判和发现员工存在的问题，并快速合理地进行调整和协调。

（3）自己轻松：管理者只有将知识和技能传授给下属并取得较为显著的成效，才可进一步扩大团队规模，从而提升了自己的团队管理水平。这样可以使管理者获得更大的个人成就和团队成就。

教下属做应该具备的技能如下：

技能一：良好的亲和力。

（1）聆听。确定提问方式并在提出问题后要耐心倾听员工的叙述，不随便打断对方的谈话，不随便插入自己的评价，边倾听边思考员工诉说的内容的逻辑性，及时把握关键点。

①分析感受和需要：体会员工的感受和需要，理解他们想要什么和为什么要这样做，给员工反馈（员工的观察、感受及需要、请求），此前要先表达我们的感受并保持积极关注，当得到对方充分的倾听后，我们将体会到气氛变得轻松。

②询问自己的感受和需要：当我们痛苦时，无法倾听，需要体会自己的感受和需要，大声提出请求，换一个环境。

③引导员工：培养协作精神，建立信任和互动，解决问题和提供建议。

④协商和解决问题：以寻求合作的方式解决问题，而不是采取强制手段。共同探讨解决方案并在团队活动中实现所达成的目标。

（2）积极关注。

①辩证、客观看待：积极关注不仅要看到员工消极、灰暗、负性的一面，还应该看到其长处、优点等积极、光明、正向的一面。

②促进员工自我发现与潜能开发：积极关注的目的是促进员工自我发现与潜能开发，达到心理健康的全面发展。在积极关注时，必须避免盲目乐观，应

该针对员工的具体问题，客观地帮助员工认识、分析其现有的不足，同时帮助员工深化认识，认识到拥有的资源。

③帮助员工发掘自身潜能：积极关注就是帮助下属辩证、客观地看待自己，看到自己的长处和优点，自己发掘自己内在的资源和潜能。

④立足实事求是：在积极关注中，必须立足实事求是，即客观地看到问题的本质，不只是看表面现象，而是要了解事物的全部本质。

（3）热情是谈话的基础，体现在以下几个方面：

①倾听和非言语行为：在与下属交流时，应通过倾听和非言语行为来表达热情，例如动作、面部表情、语调、音量等。

②认真、耐心、不厌其烦：热情的最好表达是认真、耐心、不厌其烦、循循善诱，不把自己的价值观、生活方式和生活态度强加给别人。

③承担责任：热情的表现也包括承担责任，将下属的工作看作自己的工作，并在必要时提供协助、支持和鼓励，共同解决问题。

④耐心帮助下属：当员工出现相同问题反复时，领导应该耐心，不急躁，不厌其烦、热情地帮助下属。指导要细致、耐心、有条理地进行，不断激发下属的自信心，提高其工作能力。领导应该表达出热情的态度和心态，开展有效的沟通和交流，为实现组织的目标和下属的自我发展提供积极的帮助。

（4）共情。共情是指体验别人内心世界的能力，深入对方心理体验对方情感与思维。领导借助于知识和经验把握员工的体验与其经历和人格之间的联系，更深刻理解员工的心理和具体问题的实质。领导运用咨询技巧把自己的共情传达给对方，表达其对员工内心世界和所面临的问题的理解。影响对方表现在以下几个方面：

①体验对方的情感与思维：领导深入了解员工的情感、思维和内心体验，理解员工的个性、背景、价值观等问题，通过咨询技巧建立有效的沟通和交流。

②因人、因事而异：表达共情不能一视同仁，而是应因人、因事而异，根据员工的特点和所面临的具体问题，灵活运用不同的共情方式和技巧。

③注意适度和把握时机：表达共情应注意适度和把握时机，共情应该适度，才能恰到好处，不要过于热情或冷漠，否则会影响沟通和交流效果。

④考虑员工的特征和文化背景：表达共情应考虑员工的性别、年龄、文化、

习俗等特征，善于使用躯体语言，注重姿势、目光、声音、语调等方面的表达，提高共情的准确性和信任度。

⑤持续反馈和修正：在谈话过程中，领导应持续验证是否共情，得到反馈后及时修正，不断提高共情的水平和效果。共情是领导有效沟通和交流的重要手段之一，必须注重细节和技巧，要在实践中不断提高自己的共情能力，并取得反馈。

（5）真诚是一种重要的领导能力，具体表现在以下几个方面：

①对下属负责，有利于员工成长：真诚不等于实话实说，领导在表达真诚时应遵循对下属负责，有利于员工成长的原则。领导需要根据不同的情况，选择适当的表达方式和场合，以增进员工与领导之间的信任和沟通。

②实事求是：真诚应该实事求是，基于真实的情况，切实关注员工的诉求和需求，及时提供有效的解决方案，促进员工工作和学习的进步。

③非自我发泄：真诚不是领导自我发泄的工具，在沟通过程中，领导应该尊重员工的感受和看法，不把自己的情感和问题强加给下属。

④适度性：表达真诚应适度，不要过于狂热或过于谨慎，要不断调整程度，达到最佳效果。

⑤非语言交流：真诚还体现在非语言交流上，如肢体语言、面部表情、目光、姿势等，在沟通中要注意这些细节，更好地表达真诚。

⑥时间因素：表达真诚要考虑时间因素，避免打扰员工的正常工作和生活，注意选择合适的时间安排深入交流。

⑦坦诚：真诚体现在领导的坦诚上，如实告知员工重要信息，尊重员工的隐私权，并充分尊重员工的意愿和选择。真诚是领导与下属之间有效沟通和交流的关键，需要注意适度、实事求是、非语言交流等方面的细节，才能有效促进组织的发展和员工的成长。

技能二：沟通能力的提升。

在绩效沟通中，有效的沟通能力对于管理者来说是非常重要的一项技能。以下是笔者总结的一些沟通公式，其中也借鉴了马歇尔·卢森堡《非暴力沟通》中的技巧：

（1）沟通四项基本原则：观察、感受、需求、请求。在沟通过程中，需要根据这四个原则，以理性和客观的方式进行沟通，而不是依靠主观的判断和偏见。

（2）沟通基本公式：

①观察+对方的感受。在沟通时，观察对方的态度和情绪，了解对方的感受和需要，以便更好地与对方交流和沟通。

②观察+自己的感受+自己的需求。在沟通时，需要将自己的感受和需求与对方共享，以达成更好的合作和共赢的目标。

③观察+对方的感受+确认对方的需求。在沟通时，需要确认对方的需求和意愿，了解对方的立场和看法，以便更好地协商和解决问题。

④观察+自己的感受+自己的请求。在沟通时，需要清晰地表达自己的请求和意愿，以便得到对方的理解和支持。

（3）听到不中听的话的四种选择：

①责备自己。将不中听的话归结于自己的失误和错误，以便更好地改进和提升自己的工作水平。

②指责员工。在听到不中听的话时，不要急于指责员工或怪罪对方，而是要冷静分析，找出问题的根源，并与员工合作解决。

③体会自己的感受和需要。在听到不中听的话时，需要理性客观地分析自己的感受和需求，以便更好地了解自己的内心和心态。

④体会员工的感受和需要。在听到不中听的话时，也要体会员工的感受和需要，以便更好地与员工沟通和协商，共同解决问题。

有效沟通能力对于管理者来说非常重要，需要根据上述公式和技巧，以理性和客观的方式进行沟通和交流，建立良好的沟通渠道和互信关系。

技能三：输出能力。

作为管理者，在公司发表讲话时，输出能力是非常重要的一项技能。公司讲话和部门讲话，是管理者向员工输出力量、呈现好形象、提高影响力、增强员工对自己的好感的重要途径，也是管理中不可或缺的一部分。

在公司大会上发表讲话，不同层级的管理者输出能力需要有所区别：

（1）经理级：需要感谢团队，总结过去、现在、未来，着重强调与在场人员相关的内容，例如公司的目标、员工的目标等，讲解公司的管理制度，特别是奖励制度。

（2）主管级：需要感谢公司，总结过去、现在、未来，注重讲述自己的故事，分享自己的成功案例，鼓励团队成员一起努力，共同实现公司的目标。

（3）组长级：需要向公司表达感谢之情，总结过去、现在、未来的发展趋势，通过自己的故事和成功案例来鼓励和激励团队成员，提高员工的信心和积极性，一起为公司的发展和目标而努力。

输出能力是管理者成功的关键之一，能够有效地向员工输出正能量，展现好的形象，增强员工对自己的认同和信任。有效的公司讲话，能够提高管理者在公司中的影响力，促进公司的发展和成长。

在部门会议中，不同级别的管理者需要发表不同类型的讲话，以输出正能量、建立信任和增强员工的归属感。

（1）部门负责人：经理在发表讲话时，需要明确公司的目标，并且强调奖励制度和行动计划，同时要讲清楚权责，这样团队中的每个人都能更好地发挥自己的职能。此外，也要不忘感恩和感谢员工的贡献，同时分享自己的反思和现实案例，以便更好地鼓励和激励员工。最后，要激励员工携手并进，共同行动来达成公司的目标。

（2）主管级：主管在发表讲话时，需要先明确公司的目标，然后通过成功案例展示公司已经取得的成绩以及下一步的行动计划，让员工更加清晰地了解公司的发展方向。在沟通和交流过程中，也需要时刻关注和追踪员工的进展，鼓励员工加油并积极行动，以便更好地促进公司的发展和成长。

（3）组长级：组长在发表讲话时，需要向员工清晰地表达公司的目标，并通过自己的成功案例展示自己的行动计划，让员工更好地了解公司和自己的发展方向。在这个过程中，也需要鼓励员工积极行动，并关注和追踪他们的进展情况。最后，要振奋员工士气，鼓励他们加油并努力行动，为公司的发展和目标做出贡献。

不同级别的管理者在部门会议中发表讲话时，需要根据自己的职能和职责，明确公司的目标和行动计划，并通过案例和反思来鼓励和激励员工，让大家更好地团结一致，携手并进，共同为公司的发展和目标而努力。

在公司组织活动中，不同类型的活动需要不同类型的讲话，以便更好地引导员工，提高活动参与度和企业文化凝聚力。讲话的方式和目标如下：

在年会中，总经理或经理需要对公司过去一年的工作进行总结，并展望未来一年的工作计划，让员工更加清晰地了解公司的发展方向和目标。在旅游中，不需要讲话，此时可以既享受自己的旅游之乐，也可以带头玩，和员工交流互动，增强员工的归属感。在颁奖会上，需要先给予希望，然后分享整个颁奖过程，最后颁奖表彰最佳员工，以激励其他员工为公司的发展而努力。在培训宣贯会上，应该邀请企业家来讲话，分享战略希望和规则要求。在培训开班仪式上，人力资源部门需要讲解福利政策，项目经理需要讲解所要求的学习内容和应用。

公司组织活动时，需要根据不同的活动类型和目标来发表讲话，以便更好地引导员工，增强员工的归属感和企业文化凝聚力。

技能四：知识建构体系的搭建。

作为一个合格的经理，管理团队不仅要具备专业技能，还需要掌握知识体系的搭建方法，以便更好地管理团队，提高团队的效率和专业能力。以下是构建自己的知识体系的要点：

（1）明确自己的目标。知识体系是实现目标的路径，因此要以实现目标为初衷建立个人的知识体系，例如，首先明确课程名称，如"职场良好心态的管理"，通过制定提纲、撰写课件，逐步完成个人的知识构建。

（2）提取相关知识。可以通过上网搜寻、向同行求助、查看资料、总结自身经验等方式提取相关知识，这个过程中我们需要调动自己多年来的知识储备，将碎片化的知识串联起来。

（3）提炼知识。在提取到相关知识后，需要通过对内容进行筛选、过滤、整理和模块化，以保证整个知识体系的完整性和系统性。需要清除无用的内容，提炼知识模块，并针对内容的表达和呈现形式进行调整，使其具有通俗易懂性和专业性。

（4）输出。强化认知，关联重构，建立目标和提取提炼的过程都是内部梳理，只有输出才是与外部碰撞，输出才会有反思，才会运用调整。

在构建知识体系的过程中，内部梳理的建立目标和提取提炼都是非常重要的，但唯有输出才能让知识与外部发生碰撞，才能产生反思和应用调整。在构建知识体系中，输出扮演着至关重要的角色。由于知识具有时效性，而传播具有滞后性，输出对于学习者来说是对知识的重组和解读。因此，输出对于传授者的提升至关重要，只有通过创新性的输出才能不断进步。例如，一个名牌大学的博士毕业后在山里隐居10年，10年后输出知识时其掌握的知识已经过时了，但如果重新学习再输出就可以成长。因此，作为管理者，如果你具备了知识和经验，就要及时将其提取并分享给下属或同级，这样可以最快地提升自己。如果不愿意分享，不愿意提取，那么你就像茶壶煮饺子一样，不断埋藏自己的知识和经验，最终可能会错失很多机遇。还有一些人，虽然表达能力很优秀、书写能力也优秀，但是不太愿意分享，总是担心别人会超越自己。慢慢地，人们开始觉得这个人有点内敛，但输出的东西越来越少，时间长了，他再输出我们就不太感兴趣了，因为早些年我们已经学过。此外，一些人在某个领域工作了很多年，由于缺乏特长和创新性的输出，一旦面临失业，就会非常被动。

（5）在知识的输出和实践过程中，归类和聚合是非常关键的。首先需要对知识进行分类和分解，再进行聚合，建立起规则和体系。知识输出后，可以根据学习对象的需要，对不同群体、不同岗位的人，输出相应不同的内容。这样匹配度高、恰到好处的呈现才能被更多人所接受。同时，为了进一步完善知识体系，需要根据学习者的反馈，不断进行分解和聚合。比如对于一个岗位来说，在不同的阶段，可能会有不同的问题和需求。只有针对这些细节进行分解，才能在建立体系的过程中做到更加准确、更有针对性。

（6）扩充和关联也是非常关键的。当在知识输出和实践过程中，输出者自己学习跨学科的知识时，需要将知识体系进行扩充，将无法归类的知识进行归纳，从而建立起更加完善的知识体系。同时，需要将其与其他相关学科相结合，以便在实际问题中能够更好地使用相关知识。举例来说，一个人力资源经理在本科阶段接受教育，研究生阶段又学习了心理学，那么在实际工作中，自然会引用心理学的相关内容来解决实际问题。要不断扩充自己的知识边界，发展更多的知识工具，从而更好地面对实际挑战。

技能五：持续主动学习。

在职场中，管理者和普通职场人员都会遇到一个问题，那就是我们所喜欢的书未必是与工作相关的书。因此，在学习中，我们需要学会精学和泛学。精学是指培养自己的核心竞争力，在某个领域有自己独到的见解，并能够从知道到做到，再到做到更优秀。泛学是指了解知道，能够识别就好。在工作相关的核心领域，最好是精学。例如，对于总经理这个职位来说，如果他擅长产品研发，就应该多关注自己擅长的领域，而管理是不擅长的部分，可以招聘优秀的职业经理人来协助管理，不需要自己学习然后大刀阔斧地调整公司的制度和体系。况且，学习只是表面的，真正的管理领域积累需要经过多年的实践和案例积累，才能给企业提供真正可行的管理解决方案。

从上述案例中我们可以得到以下结论：在学习某个学科的时候，应该先积累广度，然后从广度中寻找自己感兴趣的点，依据兴趣再向深度发展。当在深度中没有了空间和变通的时候，就需要回溯广度，像堆沙子一样，不断地向上堆，建立自己的知识体系。这样才能够更好地应对实际工作中的挑战，提升自己的职业素养。

技能六：注重细节。

输出能力表现在无数工作的小细节上，如图4-1所示。

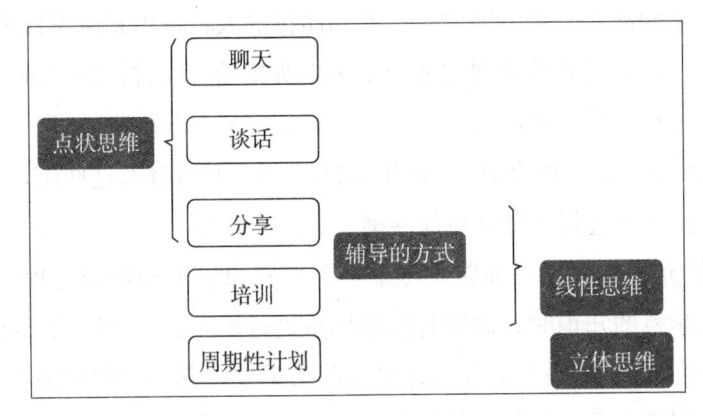

图 4-1 工作细节

作为管理者，在和员工进行谈话时，需要注意这其实是一门艺术，不能随意乱谈。聊天、谈话和分享都具有点状思维。而分享、培训和辅导则属于线性思维，因为它们涉及连贯性和与工作的结合，而且需要对效果进行追踪。从教学思维转化到思维的冲击，培训应该具备连续性和周期性计划。

如果管理者在谈话时目的不明确，讲了几个小时也没有什么实质性成果，就像东边工作事件没有处理好，西边活动也没有搞好，这就需要员工去猜测，这种情况在中小型企业中很浪费时间和精力。如果管理者这样和主管沟通，有些员工会不以为意，而有些员工则会感到茫然和不知所措。可能管理者从此心理就会萌生负面情绪，然后向总经理发出不满的暗示。

在管理过程中，应该明确自己的要求和期望值，而不是模棱两可。哪件事情需要提升？提升的步骤和流程是什么？自己的期望值是什么？管理者需要讲清楚，期望员工怎么做。最后，管理者会发现有些领导甚至不知道自己的期望值是什么。

管理靠悟性，这是在欺骗大家。依靠悟性已经过时了。现在，中小型企业需要在市场上与同行竞争，招聘更合适的人才，需要开出更有诱惑力的薪酬。如果等待员工开悟，他们可能早已被竞争对手招走了。一个员工与总经理之间的级别相差很大，总经理的思维高度与员工是有差异的。如果总经理要求员工开悟，那么员工早在别的公司做管理者时就已经达到这种高度了。

因此，总经理在管理企业时需要清楚自己的目标和整体方向，不要过度依赖内部的情绪。对内部的情绪依赖会影响正常的理性判断，容易导致公司出现亲近小人、疏远贤人的局面。总经理注定是孤独的，可以透过自我锻炼来排解情绪问题。

聊天、谈话与部分人分享都具有以下结构形式：

首先，聊天最好以工作为主题。女性切忌在工作中过多地谈论生活，否则会容易让人误解为情感上的投机取巧。聊天看起来是没有目的的，但是如果没有目的，职场之间的交往就会显得浅薄、没有深度。有目的的交流，需要先了解对方的需求，再进行沟通。

其次，谈话需要遵守基本规则，中心思想需要更加明确。要表达清楚自己的观点，而不能含糊其词。同时，需要倾听对方的话，发出相应的反馈，以便保持良好的互动效果。

最后，分享也需要具备逻辑结构。首先要明确分享目的及内容，分享的东西需要有用，与聆听者的背景和现实生活相关，并能够激发听众的兴趣。同时，分享可以包括案例分析、自身经历和相关学术知识等，从而更具有说服力。

在以上的聊天、谈话、分享的过程中（图4-2），需要一定的结构模式并遵循基本规则。这样才能够使双方有效交流，更好地理解对方的需求和实现有效沟通。

在谈话中，应该把目的放在前面，否则会造成前期气氛好，后面突然转差的极度落差感,给对方带来内心的不舒服感。在企业管理中，领导拥有管理权限，因此我们可以直接把目的先提出，让大家有所准备，同时避免沟通浪费时间。

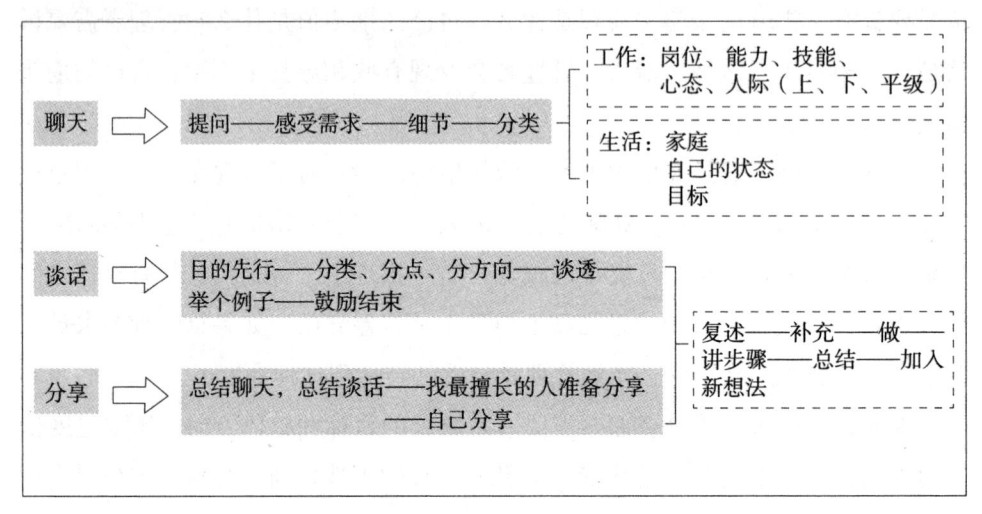

聊天 ⇒ 提问——感受需求——细节——分类
- 工作：岗位、能力、技能、心态、人际（上、下、平级）
- 生活：家庭 自己的状态 目标

谈话 ⇒ 目的先行——分类、分点、分方向——谈透——举个例子——鼓励结束

分享 ⇒ 总结聊天，总结谈话——找最擅长的人准备分享——自己分享

复述——补充——做——讲步骤——总结——加入新想法

图 4-2　聊天、谈话、分享过程

例如，营销平台运营刘经理与小李展开业绩谈话，刘经理可以这样和小李进行沟通："今天我们主要想探讨一下你上周的业绩表现，以及探讨从哪些角度可以提升。这次谈话会持续 20 多分钟，我们主要关注你的线上平台接单转化率情况。你目前的转化率是 13%，而团队整体转化率是 25%，我想了解一下在这方面存在的问题是什么？"这样的开场白可以明确目的，让双方有所准备，并把注意力集中在问题的核心上，避免了沟通价值的浪费。当进行谈话时，需要清晰地表达自己的意见和问题，而不含糊其词。同时，要充分倾听对方的话语，给予正确的反馈。通过明确目的、清晰表达、充分倾听和正确反馈，谈话才能够成为有效的沟通工具，实现双方的合作与共赢。刘经理与小李的对话如下：

刘经理问道："你目前的转化率是 13%，而团队整体转化率是 25%，我想了解一下在这方面存在的问题是什么？"

小李回答："我大部分时间都去做客户的售后指导了。"

刘经理提醒道："公司不是有标准的视频和链接吗？而且还有售后客服可以提供服务。"

小李回应道："我发了链接后，还有其他问题。"

刘经理建议道："你可以将问题转给售后团队处理。"

但是小李补充道："我转给售后团队后，客户等了很久还是会再回到我这里询问。一些客户还加了我的微信。"

最终，刘经理了解了小李的沟通反馈并表示："好的，我明白了。"在这段对话中，双方通过清晰的表达和充分的倾听，深入探讨问题的来源和根本原因。之后，公司领导进行了深入实地调查，了解到售后的实际情况。领导发现，大家都忙不过来，因此请求小李提供帮助，以防止出现更多的投诉。同时，如果再招聘一个员工的话，工作可能就难以分配。基于此，公司支持小李接待售前售后，并调整了绩效目标。这些变化对公司来说是积极的，可以提高客户满意度和员工工作效率，进而促进公司业务的稳健增长。

综上所述，作为管理者，不管是在聊天、谈话还是会议中，经验丰富与否都需要对思维进行反思与深入分析。如果希望更加严谨，可以在笔记本上记录每个会议的重点和需要注意的事项。并且，要注意控制谈话时间，不要超过1小时，最好控制在40分钟以内，以免影响工作效率和持续性。在会议中，决策出来的事项必须进行确认后写出来，并建立事件跟踪表。很多企业在跟踪决策事件时往往没有将责任落实到具体的人，有些小问题早该解决却意外拖成大问题。因此，将责任落实到时间节点计划上非常重要。管理并没有太多的套路，主要是要有责任心和不断学习，掌握好的工作效率方式，从而使大多数人能够更好地接受和一起朝着同一个方向努力，从而实现目标。

技能七：培训。

目前，每家企业都会进行员工培训，以提升员工的技能水平和为新员工提供入职培训。对于管理者来说，培训是一项重要的核心技能输出。聊天、谈话、分享与培训在本质上有着明显的区别。培训在单点上逻辑严谨，呈现方式专业化，授课形式也多样化。因此，在进行培训之前，企业管理者需要重视以下四个重要的方面。

第一，需要对教学需求进行分析（图4-3）。笔者在许多场合提到，培训需求的分析也就相当于诊断。各个部门报告需要学习的内容并不一定能够解决实际问题。许多企业的培训没有达到预期的效果，原因就在于在进行培训需求分析时，需要具备问题诊断的能力。例如在一个互联网企业中，员工离职率过高，人力资源部提出的培训需求就包括招聘与面试技巧、用工风险与法律意义、挽留员工小技巧等。

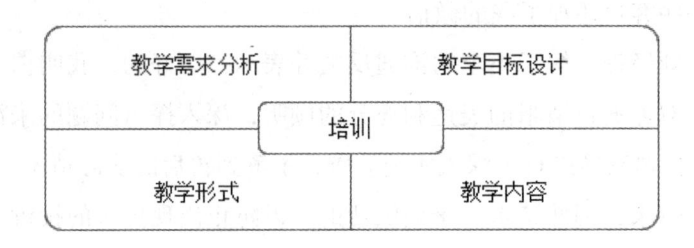

图 4-3 分析教学需求

这些课程的培训效果如何？唯一有用的是职员的专业水平得到了提高，但企业的问题并没有得到解决。当一家企业出现高离职率时，可能存在许多问题。如果一家企业的离职率持续3—4年超过50%，而且公司已经存在多年，那么可能存在许多问题。其中，核心问题可能是管理人员的管理不善，导致企业文化氛围不好，绩效评估不合理，导致付出与收入不成比例。也可能需要调整组织结构。因此，要从根源解决问题，可能需要制定周期性培训方案，并需要配套其他制度流程。

第二，需要设计教育目标。当需求分析明确，周期性计划方案设计完成后，需要根据不同的问题设置不同的课程，并设计不同课程的教育目标。

第三，企业授课的形式需要在培训者的创新下进行改进。教育形式的创新不是短期内通过各种互动、游戏、通关等形式让学员上课感到很快乐，而是需要根据中小型企业的特点设置课程。中小型企业高管开展内训课程，在工作之余，课程的时间可以不太长，但需要保持持续性，并要求很实用。讲师不需要很多头衔，而是能够帮助大家解决问题才是关键。这样的教育形式需要进行培训和演练，并需要在企业中长期跟踪。如果实施时间太短，或一个月内多次间断，这样是没有效果的。通常需要至少3个月，每周两次，每次1.5小时，其中听课30分钟，演练50分钟，总结10分钟。这种形式比较适合中小型企业，且效果会很好。干部培训的详细叙述将在后面进行说明。

第四，教育内容主要根据教育目标而设计。许多企业的教育目标和教育内容并不对应，因为组织培训者对培训目标的理解不够清晰。对于同样的"招聘面试技巧提升"课程，如果教育目标不同，培训内容也会完全不同。例如面试技巧课程，以筛选人才为目的的教育目标和以吸引人才为目的的教育目标会非常不同。

技能八：懂人性。

在绩效辅导的过程中，需要领导发挥十八般武艺。懂人性其实是管理者在管理过程中的润滑剂。所谓的人性，从马斯洛的五个需求层次入手：

（1）生理的需求：维持自身最基本的需要。

（2）安全的需求：保障安全稳定，免除恐惧威胁。

（3）归属与爱：社交需求，与员工建立情感关系。

（4）尊重的需求：内部价值可以从外部成就得到认可。

（5）自我实现：发挥自我潜能，不断完善自己。

在这五种需求中，其中前三种是基本需求，后两种是高需求。在与员工交流时，所有的出发点最好从高需求去沟通，不需要用低需求去沟通。

举例来说：一家电商公司，想在"6·18"期间给销售冠军1万元的奖金，但有很大的难度，团队几个销售"大牛"都想"躺平"。当主管私下找销售"大牛"沟通时：

主管："小刘，这次'6·18'活动，公司福利很不错，奖金达到1万元，你要努力一下。"（这就是低需求谈话）

销售"大牛"："我尽量，这么高的目标。"

主管："小刘，上次你拿了'双11'的销售冠军，给整个部门很大的鼓励，正是因为你敢于拼，我们部门在'双12'的时候才能一直维持团队第一。这次'6·18'你是怎么想的？"（这就是高需求谈话）

销售"大牛"："压力好大，这个目标太高了。"

主管："如果你都怯场，那么其他的同事我更不知道怎么去沟通。这不是奖金的问题，是咱们售前团队在公司创造的价值，现在平台分流严重，如果我们再不努力，其他岗位的同事更是一片萎靡。"（这还是高需求谈话）

销售"大牛"："领导，我回去找大家私下聊一下。我这边可能需要您组织一个饭局，还有给大家一些鼓励，同时在赠品方面需要更多的权限，还是要拼一把。"管理者用高需求如荣誉、价值、尊重、自我实现被看见等做整体激励方案，可以营造一个良好的职业氛围，起到事半功倍的作用。

三、月末绩效考核

每个月结束时，单位都会进行绩效考核（图4-4）。这个考核不仅是团队绩效的考量，更是对于个人业绩的审核。对于每位员工，要求其按照自己岗位的职责，去完成上级分配的任务。对于完成良好的员工，一定要在月末进行表扬或奖励。但是对于未能完成任务的员工，要在经理的指导下，及时调整提升能力。

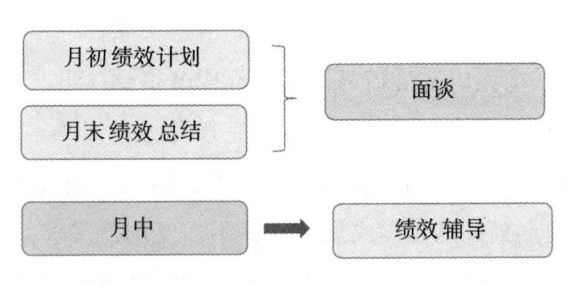

```
月初绩效计划  ┐
              ├→ 面谈
月末绩效总结  ┘

月中  ➡  绩效辅导
```

图4-4　月末绩效考核

绩效面谈是对员工绩效表现进行交流与评价的一种正式方式，有助于确定员工在本周期内的绩效表现，并针对员工的表现做出一对一、面对面的绩效沟通。这种方式能够让员工全面认识自己的表现，帮助他们在下一个绩效考核周期做得更好，以达到改善绩效的目的。

在进行绩效目标和月底绩效考核面谈时，两者是否应该同时进行呢？一般来说，在开始推行目标的前1—2个月应该分开进行，然后到第三个月时管理者对绩效面谈已经比较熟悉，此时可以将两者合并面谈。因为在开始推行目标时，会遇到很多不熟悉的阻碍，如果两个事情同时进行，可能导致谈话时间拉长，影响员工的工作效率，这种情况下，绩效面谈和绩效目标的可持续性也会存在争议。

因此，对于绩效面谈和绩效目标，需要管理者根据实际情况进行灵活处理，避免影响员工的正常工作和产生不必要的争议。通过合理分配时间和资源，让绩效面谈和绩效目标发挥最大效益，为企业的持续发展打下坚实的基础。

合并后的步骤如下：

首先，需要进行本月总结。在会议沟通中，员工需要把本月的绩效考核表和下月的绩效计划打印出来，并带上电脑和U盘；此时，不适合在工作卡位上沟通，以免影响沟通效果。

第一步是全面回顾。领导需要全面了解下属的每项工作，先让员工回顾自己在这个周期中做了哪些事情，为什么给自己打这个分数，哪些地方需要改进，然后再由领导补充。

第二步是总结和评估。员工先总结自己的工作表现，然后进行自我评估；领导对绩效考核表进行评分，并说明评估的依据，指出做得更好的方法和要求。这个过程需要进行商量和讨论。

第三步是结果反馈并确认。最后，领导需要打分，现场告诉员工为什么给出这个分数，哪些方面还有不足之处，并指出做得更好的要求和方法。结果应由双方确认。

其次，需要进行下月绩效计划目标面谈。首先需要确定具体的目标，并需要在管理者对上一个月的数据进行分析的基础上，提高这个月的目标。如果这个月是淡季，对目标的沟通也可能会有所不同。第二步是目标内容的沟通，上级主管与下属共同讨论本期绩效计划的目标和内容，以及实现目标的措施、步骤和方法。

例1：小李是一家互联网公司的运营专员，王经理是这家公司的运营经理，以下是依据2023年的7月份的绩效目标进行的面谈。

小李表示："领导，这个月需要完成35万业绩太高了，我完不成。我只能完成25万。"

王经理回应道："上月已经完成了32万，这个月预估客户需求表大概有20多万。"

小李仍然表示："领导，你看客户需求这么少，为什么还是给我定这么高的目标？我怎么可能完成呢？"

王经理解释道："你可以把大上个月没有成交的客户再跟进一下。"

小李又表示："领导，你知道那些客户为什么不下单，价格我也申请不下来，而且那些客户很难沟通。"

王经理则说道："没问题，到时候咱们一起去拜访客户，大家见面三分情。"

小李则感激地表示："领导，那太好了，谢谢您的支持。"

从这个案例中可以看出，小李是有意识地逃避挑战高目标，但领导对他的数据非常了解，才能逼小李往上跳一跳，使他能够完成目标。这种绩效目标面谈能够让员工深入了解自己的工作表现，发现不足之处，并给出改进意见，使其能够更好地完成任务。

例2：小张是一家科技类企业的财务主管，在3月绩效考核中她给自己打了100分。李经理是这家公司的财务经理，认为小张的绩效评分过高，每次绩效面谈，李经理都没有很好地说服小张，觉得很难与小张沟通，所以在做绩效面谈时李经理特别做了充分的准备。

李经理首先说道："今天我们和上个月一样进行一次绩效面谈。小张，你先说一下你上个月的情况，以及打分的依据。"

小张回答："上个月非常忙，我几乎每天都加班。在团队方面，完成了部门内部人员工作分工分解管理、部门内部培训、会计成本核算、公司现金把控、存货周转周期、财务报表分析、仓库＆生产管理等方面的工作，我对自己还比较满意，所以给自己打了100分。"

李经理接着说道："团队管理方面，你们部门上个月一直都没有开会；新增加的成本会计岗位没有让人事部及时发布招聘信息；部门的各岗位的绩效分解并未完成；上个月部门只做了一次培训，你没有给其他团队成员做专业知识的分享；会计成本核算方面，虽然完成了材料明细汇总表和店铺绩效表，并转化成财务分析报告，但未对公司的运作和决策提供财务数据支持和专业意见；公司现金把控方面，出纳的岗位操作流程手册初稿没有修改；存货周转周期方面，完成周转率明细报表并出了相关报告，但未对采购提出建议……"

最终，李经理综合考虑了小张在不同方面的绩效表现，给小张打了75分。通过这次面谈，小张了解到了她在工作中的不足之处，更好地反思和改进自己的工作表现。同时，李经理使小张了解到实际，并在此基础上，给出更加细致的改进意见，提高了她的绩效水平。

小张觉得委屈，说："领导，上个月你也没有和我说这些要求，而这些方面有些我自己也不会。"

李经理回答："我们公司这个月才开始做绩效整改，上月绩效目标面谈没有说清楚。这个月我们把下个月的要求说得更清晰些，你看可以吗？"

小张回答："好的。"

10分钟后,小张和李经理完成了4月的绩效目标谈判。

小张说道:"领导,您具体化了我每一项工作的要求,但有些方面我还不懂。"

李经理安慰道:"你不会的就来问我。"

小张感慨道:"我现在意识到,按照我之前的工作水平,我的确不能得到100分,但是我相信,通过这样的要求和指导,我的专业能力会得到提升。"

李经理考虑到上个月没有谈具体要求,部分责任在自己,于是建议:"由于上个月没有谈具体要求,上个月你加班确实太多了,我来给你调整分数,改成78分,然后给你调休1天,你看可以吗?"

小张欣然接受:"好的,谢谢领导。我已经连续3周都只休息了半天。"

李经理感谢小张的努力,鼓励她继续加油,并承诺下个月减少加班时间,尽力帮助小张调休。

从这个例子可以看出,职能岗位往往会给自己打满分,因此月初的绩效计划目标要尽可能详细具体,最好明确时间节点。这样,可以降低员工不可掌控的因素,提高效率和绩效水平。

(一)如何注意绩效面谈的细节

绩效面谈是确定员工工作表现的一种重要方式,为了确保绩效面谈的有效性和可靠性,必须注意以下几个细节:

(1)说明面谈的目的和作用:在绩效面谈开始前,向员工明确绩效面谈的目的和作用,如确定优秀的表现和需要提升的方面,探讨下个月的工作计划等,以建立沟通和信任的关系。

(2)进行绩效考核结果沟通:管理者在与员工沟通时,必须关注绩效考核结果的相关性,并防止员工占据主导地位。若员工在沟通过程中过于强调个人口才,可以让其准备一些数据,再进行正式沟通。

(3)指出员工的不足:提醒管理者在面谈中不能否定别人,要避免使用"你做得不对""你做错了"等话语,以免对方开启防御模式,影响沟通的效果。相反,可以指出员工需要提升的方面,并提供合理的建议和训练计划,以帮助员工进步。

(4)建立良好的沟通氛围:沟通过程中聆听对方的意见和反馈,发掘问题的本质和解决方案，同时也要讲述自己的观点和考虑，以达成共识和目标的一致性。

绩效面谈需要准备充分，注意掌握细节，在建立相互信任和沟通渠道的前提下，指出员工的不足，并给予良好的建议和指引，以帮助员工提升绩效和职业能力。

（5）共同制定改进计划和创造良好的环境。在进行绩效面谈时，领导需要指导员工制定符合公司业务目标和员工自身发展需求的工作计划。针对员工提出的目标，应该探讨可以实现的可能性，并与员工协商最终的目标定位，以便确定合适的目标措施和方法。在制定目标方案时，需要考虑员工能力和职责范围，确保目标设定符合实际情况，并能切实促进公司业务发展。

（6）要创造良好的面谈环境。面谈要在会议室中进行，以保证面谈的私密性和确保面谈的独立性。同时，会议室的设置和装修等要素也需要考虑到员工的舒适度和隐私保护，避免被外界人员或视线打扰。另外，在谈话期间，领导要尊重员工的意识和情感状态，避免过度压制或威胁，以免影响员工的情感状态和工作效率。

（7）控制好面谈过程及时间。绩效面谈是为了加强员工与领导之间的沟通和交流，促进双方间的信任和理解。而时间控制则是保证绩效面谈不偏离主题，并且会面不至于冗长和无效率。为了避免这种情况发生，领导必须进行有效规划和时间控制。在绩效面谈前，领导要提前准备好面谈内容，确保沟通的目标明确，并在面谈中仔细听取员工的意见和建议。在面谈过程中，要精准把握时间，并使用正确的口吻和场景来调整员工情感。总之，通过有效控制面谈过程和时间，领导可以更好地为员工提供指导和支持，促进员工个人能力的提升和公司业务的发展。

（二）绩效面谈可能出现的问题

在进行绩效面谈的过程中，可能会出现一些困难和问题，需要管理者采取不同的措施来处理和解决。以下是可能会出现的一些问题：

（1）员工不喜欢被指出缺点：员工可能会有些不适应或抗拒面对自己的缺点和不足。这时管理者需要以积极的方式给予员工正确的引导和指导，帮助他们认识到自己的不足,鼓励他们努力提高和改进。

(2)领导不可控、不喜欢:在一些企业中,由于管理者对绩效面谈的重视不够,导致绩效管理工具的应用不顺利,甚至被视为烦琐、无用的工作。针对这种情况,需要加强对绩效管理工具的宣传和培训,提高管理者的使用意愿和能力。同时,在实际操作中,也要严格落实绩效面谈的程序和标准,确保绩效管理工具的有效执行和落地。

在实践中,如果能够建立一个有效的绩效管理体系,可以为企业和员工带来巨大的利益。绩效面谈不仅能够反映员工的工作表现和贡献,还可以为他们提供成长和发展的机会。同时,合理的绩效管理工具也可以促进企业的业务发展和竞争优势。因此,管理者应该积极面对和解决绩效面谈中的问题,不断完善和提高管理水平,为企业和员工创造更好的发展环境和条件。

在绩效面谈中,细节和原则的把握对于取得成功十分重要。以下是总结出的几点建议:

细节:

(1)环境要舒适、安静、私密。

(2)营造彼此信任的氛围,员工和领导均要展示真诚且尊重的姿态。

(3)明确绩效的目的,告诉员工完成任务的标准,以及为什么要完成某个任务。

(4)鼓励下属参与,让员工参与自己的绩效评估,增强员工参与感和责任感。

(5)关注绩效和行为而非个性,侧重对工作表现的具体分析和评价。

(6)以事实为依据,以工作量、质量、频率等方面的事实作为评价的基础。

(7)避免使用极端化字眼,不要使用过于极端化的语言,否则容易引起员工的反感和抵触。

(8)灵活运用肢体语言,表现出积极、支持、赞扬和关怀,使员工有收获感和信心。

原则:

(1)直接具体,对员工的绩效表现进行客观、直接的评价,并分析绩效结果带来的影响。

（2）互动，促进员工参与，让员工与领导保持沟通和互动。

（3）基于工作，将绩效评价建立在员工的工作任务和完成情况之上。

（4）分析原因，对员工可能存在的问题和表现进行原因分析，制定改进措施和计划。

（5）相互信任，建立双向信任的关系，让员工和领导的绩效面谈成为积极互动和交流的机会。

细节的把握和原则的遵循，可以使绩效面谈更加顺利和有效。同时，作为一种重要的绩效管理工具，绩效面谈也可以帮助企业和员工实现共赢。

四、复盘

绩效管理过程中的复盘主要包括：成功提取与复制、培训、案例分享、与现场管理相结合。在绩效管理过程中，如果绩效月初的面谈做得比较详细，月中的辅导与现场管理结合，如绩效辅导中提到的每周的工作会议协助下属完成当月的月度绩效，管理层会奇迹地发现团队很多同事在不同方面给你意外的惊喜，每个岗位上都会有一些创新的员工在突飞猛进。如果这时管理者只是在会上表扬一下，其实很浪费员工的资源。团队中成员之间的相互影响比上级影响会大些，相邻近的人更容易互相模仿和复制。当有同事有创新时一定要提取他成功的经验，并进行分析。

最近发展区理论是维果斯基提出的概念，认为学生的发展有两种水平，即现有水平和可能的发展水平。教学应该以学生的最近发展区为着眼点，为学生提供有难度的内容，调动学生的积极性，发挥其潜能，超越最近发展区以达到下一发展阶段的水平。同样，绩效辅导也可以让员工超越现有水平，提升至可能发展水平。绩效辅导提供有针对性的指导，发现员工的问题，帮助员工制定改进计划，提高工作表现水平和成就感。如图4-5所示。

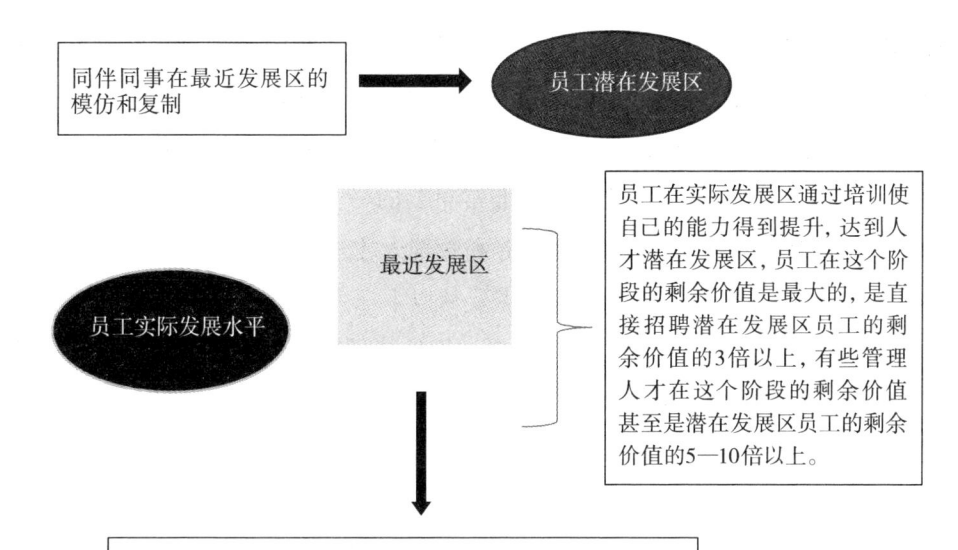

```
┌─────────────────────┐         ╭─────────────╮
│ 同伴同事在最近发展区的 │────────▶│ 员工潜在发展区 │
│ 模仿和复制           │         ╰─────────────╯
└─────────────────────┘
                    ┌──────────┐   ┌──────────────────────┐
                    │ 最近发展区 │   │员工在实际发展区通过培训使│
     ╭─────────╮    └──────────┘   │自己的能力得到提升，达到人│
     │员工实际   │                   │才潜在发展区，员工在这个阶│
     │发展水平   │                   │段的剩余价值是最大的，是直│
     ╰─────────╯                   │接招聘潜在发展区员工的剩余│
                                    │价值的3倍以上，有些管理  │
                                    │人才在这个阶段的剩余价值 │
                                    │甚至是潜在发展区员工的剩余│
                                    │价值的5—10倍以上。      │
                                    └──────────────────────┘
                    ┌──────────────────────────────────┐
                    │ 让员工跨越最近发展区是所有公司做培训最重要的│
                    │ 目标之一，绩效辅导提升的就是员工这个区域的能力。│
                    └──────────────────────────────────┘
```

图 4-5　最近发展区理论

绩效辅导时，我们可以从现场管理团队成员的优秀表现中提取案例，然后由同一类别、相近的同事进行学习分享，这是一种有效的绩效提升方法。授课时，我们可以采用故事情节来讲解这个过程，这样学员对于流程和故事情节也能同时记忆和理解。具体的授课内容如下：

（1）背景介绍：首先介绍故事中涉及的背景因素，包括时间、地点、人物、事件等信息，同时还可以讲述在这个过程中有哪些手上能够运用的资源；

（2）冲突描述：讲述故事中出现的阻碍和困难点，这是一个非常重要的环节；

（3）发展经历：讲述故事中的发展经历、转折点以及员工在这个过程中遇到的各种困难；

（4）矛盾解决：讲述矛盾出现后员工如何处理和解决的过程，这是整个故事的高潮所在；

（5）结尾：在故事结束之后，可以感谢员工对于这个故事的配合、学习和理解，鼓励大家在日后的工作中能够更好地运用这些经验和方法。

通过以上的授课，在讲解流程的时候掺入复杂的故事情节，能够更好地引起员工的兴趣和注意，也能够加深他们对于绩效提升的认识和理解。同时，这种授课方法也非常实用，因为在员工复盘的过程中，我们需要详细提取每件事情的流程、过程和困难解决思路，同时也需要分析员工在解决这些问题时所需要具备的技能素养和心理素养，然后从流程、技能和心态这三个方面来培养其他员工。可以说，复盘是企业培训中非常重要的一个环节，它能够保留关键的业务流程和知识，帮助企业更好地培养和管理人才。

具体来说，在复盘过程中，我们需要从以下三个方面来提取要点：

（1）流程和过程：首先，我们需要详细地梳理出每件事情的流程和过程，包括在这个过程中的各种细节和关键点，这样才能够确保学习者能够真正理解和掌握这个过程。

（2）技能素养：在这个过程中，我们还需要分析员工在解决这些问题时所需要具备的技能素养，如耐心、细心、动手能力、沟通能力等。这些技能素养都非常重要，需要在实际工作中不断地培养和提升。

（3）心理素养：最后，我们还需要分析员工在解决这些问题时所需要具备的心理素养，例如积极向上的心态、团队合作意识、面对挑战的勇气等。这些心理素养也是非常重要的，它们能够帮助员工保持积极进取的状态，更好地应对工作中的各种挑战。

通过复盘，我们能够从流程、技能还有心态这三个方面来培养和提升员工能力，这些经验和方法也能够帮助企业在员工离职时更好地留住关键的业务流程和知识，为企业的稳定发展提供坚实的支持。

论述题：

1. 绩效月初面谈与月尾面谈为什么要分开？

2. 绩效辅导包含哪些内容？

3. 企业做绩效辅导对企业有哪些帮助？

4. 什么是最近发展区？

5. 人才在哪个阶段的剩余价值最大？

6. 职能部门的绩效考核只能打满分吗？

7. 绩效要懂人性具体指什么？

第五章　绩效管理实施第二阶段

一、月度运营会的召开

绩效管理实施的整个流程完成后，经过2—3个月的试运行后，管理者对绩效管理已经熟悉掌握了。此时，公司可以依据自身管理情况来判断是否需要召开月度运营会。一般而言，需要召开月度运营会的企业有如下几种情况：

（1）分公司较多，存在异地企业且独立自主性较差，需要总部管理支持。

（2）多个部门分开办公。

（3）总经理不参加管理周会。

（4）总经理有时开会，有时不开。

以上几种情况都有相同的条件，即企业规模在50—80人以上，营业额在1亿以上。对于人数较少、营业额低于1亿的企业来说，开展月度经营会可能会重复，因为他们可能已经有了管理例会、企业部门例会以及其他问题解决会议等。在这种情况下，过多的重复会议可能会失去意义。但对于人数较多的企业来说，开展月度运营会则能够更好地管理公司。

月度运营会一般会汇报每个部门当月的绩效完成情况和得分，讨论哪些方面需要支持和调整，以及下个月的绩效计划和修改。如果总经理已经参加管理例会，那么开展月度运营会可能会出现重复的情况。但对于以上4种情况的企业来说，开展月度运营会能够让总经理更好地了解企业的整体情况，协助部门经理进行管理，并及时给予支持。通过了解不同部门的实际情况，企业可以清晰地了解哪些部门业绩较好，哪些部门存在问题，绩效管理也能够更加清晰明了。

绩效管理是企业管理中非常重要的一部分，通过实施月度运营会等措施，能更好地协助企业管理者进行决策，同时也能够更好地帮助企业提升绩效，实现企业的可持续发展。

每月运营会召开，地点为公司会议室，会议室设有投影仪器用于汇报。会议召开时间定于每月5—8日。参会人员包括各部门负责人和总经理（董事长）。在每月5日前，每个管理者需要完成下属员工上月绩效考核面谈，以及当月的绩效计划（包括目标）面谈，并进行打分。人力资源部门主持会议的准备工作。会议中如需要调整考核指标或内容，需要记录会议内容，并在会后约相关部门人员进行讨论审核。审核通过后，管理群公告发布有关调整后的考核内容。会议结束后，人力资源部门或者运营管理部门跟踪议题处理情况。会议的时长为1.5—2小时。会议开始时，由人力资源部门开场介绍会议主题。各部门轮流汇报上月的完成情况及改进之处，同时分享本月的计划目标。在汇报结束后开展讨论，邀请上月表现较好的部门进行分享。最后进行10分钟的总结和接下来的事宜安排。

二、绩效管理实施过程中出现的问题

（一）高管不参与

在绩效管理导入过程中，部分企业高管，包括总经理、合伙人和常务副总，没有参与其中。这主要是因为这些高管往往认为绩效管理是人力资源部门和下属的事情，与他们无关。由此产生的问题是，这些高管经常在月初不与下属员工谈目标，而在月底仅仅按照员工的得分给自己打分，甚至会算错总分。这样的问题实际上是一种态度问题，而不仅仅是管理水平的问题。在月度运营会上，人力资源部门会对这类问题进行通报批评。

该问题的关键是，在这类企业中，企业家往往担任总经理，并管理7—8个部门经理。然而，这些企业家在月初不谈目标，在月底也不看绩效，只是根据年度目标完成情况和自身感受来奖励自己。同时，人力资源经理被要求只是要给员工和主管做绩效，而不是给企业家做。显然，这类企业的绩效是没有效果的。部门负责人不讨论目标，也不考核下属，只是把部门目标下发给下属。在这种情况下，有的下属做得好，还会再安排一些工作，而有的下属做得差，则会更受领导的关注。部门经理没有考核和辅导，公司的氛围会变得很恶劣。

部门经理对下属会讨好，对上级则会要求资源、福利和加薪。由于他没有参与每个岗位的绩效面谈，也没有辅导员工，考核时候员工说什么就是什么。由此，这些部门经理的任务会变得不清晰，只站在员工的角度思考，而不是站在公司的角度来思考。

在企业管理体系不完善的情况下，中小型企业的总经理往往不参与绩效面谈或绩效考核与辅导，与部门经理之间存在巨大能力差距。常见情况是，企业家忙于开会、见客户、解决问题，无法抽出时间参与绩效管理。管理层的小事情也会向企业家寻求决策，企业家随时插一脚，导致部门经理缺乏责任感，不愿承担决策的风险。这种状况将长期存在，经理们会习惯性地找企业家商议，而不是自己做决策。即使部门经理们自主决策，企业家也会参与其中，导致他们认为自己的决策不被重视。因此，绩效管理制度在这种类型的企业中并不适合实施，因为公司忙于其他事情，做绩效管理根本没有时间，觉得这样做只是浪费时间。

这种情况下，企业应注重建立完善的管理体系，总经理和高层管理人员应积极参与和指导绩效管理，企业家应慎重参与决策，给予部门经理充分的权力和责任。这样可以提高经理们的自主决策能力，并加强管理层与员工之间的沟通与合作，进而推动企业的发展。

这种类型的企业如果不能及时调整，就有可能陷入恶性循环。企业家们在其下属中所扮演的角色，有时似乎就是管理者的代表，无论是出了问题还是成功，都是企业家做出的决策决定。然而，这种角色对于企业家来说是相当辛苦的，而且有时在被下属批评的时候，企业家们也无法反驳。确实有很多事情是企业家们自己做出的决定，现在出了问题，企业家们不能随意离开公司，否则公司内部的决策过程就会陷入停滞，阻碍企业发展的进程。由于管理层管理水平薄弱，整个公司的人效也很低。这种类型的企业其实最需要绩效管理。

下面，我们就拿两家同行业的科技企业来进行对比：

A企业是一家贸易型科技类企业，以线下大客户为主。A企业刚开始进行绩效管理时，总经理刘先生感到很不适应。以前每天上午在自己的办公室门口总有一群人排队等待他的审批，与他沟通，但是在绩效管理之后，门口没有人了，各部门负责人也不用找他了。刘总开始找人事总监进行沟通，但人事总监却不在公司，而是去了物业。之后，刘总又找运营总监，但是他正在与销售部门开对接会。最后，刘总想找财务部经理，却发现他也没有在公司。最终，刘总只好去了合伙人营销总监的办公室，却发现他正在会见客户。最终，刘总回到自己的办公室，越想越生气。这时人事部总监小吴来到刘总办公室门口敲门：

刘总看见小吴进来，微笑着说："小吴，欢迎。你去物业那里干吗？"

小吴深吸一口气，紧接着回答："物业那边有个车位停放方案的问题需要沟通一下。"

刘总愣了一下，问道："你们好像都很忙啊。"

小吴说："是的，因为绩效管理在推进中，大家都很努力。"

刘总有些不满地说："我却越来越闲。"

小吴不禁笑了出来，刘总更不满了："你笑什么？"

小吴解释："对不起，我只是觉得您这句话有点好笑。"

刘总不悦："你这是在质疑我的工作效率？"

小吴连忙道："不是不是，我是觉得绩效管理能够让每个人都更加尽心尽力，提高工作效率。"

刘总笑了笑："是吗？那你能不能再给我讲一下绩效管理的具体流程？"

小吴欣喜地说："当然，我们月初进行绩效辅导目标的制定，月底进行绩效考核面谈，讨论出绩效结果，并填写绩效考核表。"

刘总有些担心："但我不是专业的，怎么能进行这样的面谈？我怕部门经理不服。"

小吴表示："没问题，我已经把月初的绩效计划和目标打印出来，我们可以一起看一看，我具体地讲解一下面谈流程，也可以一起研究各个部门的绩效考核表。"

刘总点头："好的，让我们开始吧。"

半小时后，小吴展示了各部门的月度绩效表，并且详细地讲解了绩效面谈的流程，刘总认真地记录下来。随后，刘总与各部门经理一一面谈，绩效管理的进程因此又向前推进了一步。

一周后，刘总在闲暇时间找来了小吴。"最近大家都在忙什么？"刘总问道。"大家都在忙绩效辅导。"小吴回答道。"那我也需要辅导吗？"刘总有些疑虑地问道。"当然需要。"小吴回答，"我的绩效要辅导，而其他部门负责人，只要是你带的部门都需要进行绩效辅导。"

"那你们都是专业人才，我又怎么能够进行有效的辅导呢？"刘总还有些不放心。"在管理和效果评估上，刘总您说了算。"小吴解释道，"晚上有主管层绩效辅导分享会，您要不要加入，检查一下大家的辅导情况呢？"

晚上，主管层绩效辅导分享会开始了。每个主管都分享了自己的辅导经验和方法，包括场景、沟通技巧、好的绩效效果等。他们还分享了如何在现场管理周计划会上运用这些技巧、如何辅导储备员工做好每天的管理工作、如何开展晨会、如何抓取当天的数据等。刘总深受感动，他听得非常认真，并偷偷地记录下了绩效辅导的话术和流程，方便日后能够更好地辅导下属。

第二天，刘总又找到了小吴，但这一次，他似乎对绩效辅导有了更深入的认识。"你们这么忙着做绩效辅导，难道不觉得浪费时间吗？"刘总问道。"恰恰相反，绩效辅导可以帮助我们更好地配置时间和精力，让我们在更短的时间内更好地完成任务。"小吴解释道，"除此之外，绩效辅导还包含了学习和分享的内容。如果我们只是注重核心业务，就会错失更多的机会。"

这次对话之后，刘总开始积极参与绩效辅导和分享会，并与其他部门负责人深入交流，探讨如何更好地提高绩效。他还学会了更好地引导团队成员，通过案例和实例来教授他们操作技巧和方法。刘总发现，这样的学习和分享不仅提高了他的思路清晰度，也让他更加自信地面对各种工作挑战。通过这次经历，刘总深刻认识到，作为一个领导者，他需要不断地关注和学习行业和领域内的最新知识，同时学会分享和合作，才能更好地带领团队前进，对抗未来的挑战。

第三天，刘总找到小吴，表达了自己对公司管理培训不足的不满："主管们都接受了绩效辅导，表现不错，我们经理层怎么连培训都没有？这样我感觉我们会被其他公司领先。"

小吴匆忙解释道："实际上，经理层和主管们上个月都有单独培训和演练哦。"

刘总惊讶地问："为什么我一个都不知道？"

小吴尴尬地回忆道："上次经理培训时，我曾向您推荐，但您表示想等一下再看看。主管培训时，我又向您汇报，但您认为主管级的课程没什么好听的。"

刘总感到自己没有充分了解公司培训计划，非常自责，于是下定决心："我以后会更关注这些培训，甚至会检查员工参加情况。"

小吴听了十分欣慰，笑着回答："好的，刘总，我会及时通知您的。"

从那一刻起，刘总时刻关注着公司培训计划，每一次有关提升管理能力的培训方案，他都会提前预习和花费时间参加，即使没有必要发言，只是默默聆听和学习，他也不会轻易离席。这种态度不仅让他更加精通公司管理技巧，而且让他收获了深入了解同事和高效管理的思维方法。半年后，公司业绩迎来了一波高涨。

成功并非偶然，那些时刻保持学习和持续改进的管理者，通常会发掘出更多创新思路和管理方法。只要时刻关注培训课程，对于企业和个人发展，都会有非常积极的驱动作用。

这个故事发生在一家科技企业，一年内，该企业实现了60%的业绩增长，刘总被誉为最具影响力的绩效辅导专家。很多人可能会问：刘总如何有那么多时间去培训和辅导？

其实，刘总始终懂得放权，他给部门经理们试错的机会，让他们有机会成长并独当一面。当然，一开始他还会有一些顾虑，但他还是决定为部门经理们提供更多的空间和机会来自我发挥。

接下来，我们来看一个不同结果的案例。在另一家公司，同样需要进行绩效面谈和绩效辅导，但公司总经理一直牢牢掌控各部门的具体事务，不给下属权限和改进思路的机会。这种高度集中式的管理模式让公司员工感到压抑和沮丧，也导致了公司业务的急剧下滑。

B企业是一家贸易科技类企业，主营业务以线上平台为主，总经理王先生是企业的老板。一个月前，B企业实施了绩效管理。王总似乎很擅长放权，对于所有事情，他都会让各个部门经理自行处理。但当人力资源经理小罗做绩效修改需要王总的协助时，由于王总太忙，无法参与，因此绩效管理的完善由人力资源部和各部门负责人共同完成。

有一天中午，王总突然决定调整售前部门的工资、绩效和提成，并否决了之前制定的绩效提成方案。员工们都不敢提出反对意见，只好按照王总的要求去修改，因为一旦有反对意见，可能会被解雇。第二天新方案开始实施，但两个月后，效果不佳，又开始改，最终发现小罗与各部门商议制定的版本才是可靠的。这样的事件经常发生，员工们都逐渐习惯了。

由于经常出现干扰，绩效管理的推行一直断断续续，导致管理者对绩效管理持冷淡态度。当然，由于管理层看到王总不重视绩效管理，许多人也开始对此产生想法，有些人甚至自行改动部门绩效工资，并不与部门绩效挂钩。

在绩效管理试运行的过程中，每个月初都会进行绩效面谈，月中则是绩效辅导和培训，月底则是绩效考核。王总并没有参与这些活动，也没有参加公司的周会。尽管小罗组织了培训，王总也没有参加。绩效管理进度推进时，王总突然决定调整售前部门，并招聘一位售前经理。他说是因为售前客服没有人带，新人无法留下。小罗认为这个做法是不合理的。

小罗问道："如果主管和老员工把绩效管理中的绩效辅导做好，便可以有效解决售前部门的问题。我们可以先按计划进行，让大家慢慢适应。这样就可以先解决问题，让售前部门的工作顺利进行。"

王总回答说："绩效辅导需要多长时间才能出效果？这周结束前能不能留下新人？我现在就想解决销售新人没有人带的问题，别的不必理会。我们需要招聘一位售前经理专门负责做培训。其他的事情让他先不管，先解决问题。"

小罗感到无奈，问道："您之前为什么不让他们学习呢？这个月管理者要学习并演练，这需要时间。我们需要等到下个月才能让新人留下来。本月可能会有一些小成效，但是不明显。"

王总直接打断了小罗的话，说："听我的话，我会先这样安排。我们会先解决问题。"

这个月的绩效管理试运行中，售前部门被安排做培训，其中一名售前员工申请回到售前岗位，而当月售前部门业绩也因此下降了 300 万。被安排做培训的销售员工能够实现每月 350 万的业绩。新员工由于不适合调岗去仓库，没有被调动。售前经理入职不到 1 个月便被劝退，主要是能力不如售前主管。在这种情况下，王总召集大家开会，大家均建议先把绩效做好，推动绩效管理，小罗也提到了绩效辅导其实就是对员工的培训。王总认为这个建议没有问题，便决定实施。可是当进行月初的绩效面谈时，王总表示没有时间参加。到了月中，各部门开始进行绩效辅导，王总并没有给自己直管的下属做绩效辅导或提供支持,也没有沟通。小罗对此感到无奈。

  本月结束时,各部门员工的绩效管理均取得了较好的成果,所有部门的推进也都相当有条不紊。为此,各部门的经理需要把绩效表交给王总并打分。王总审阅了各自的自我评分,并依据日常工作中完成的数据和个别了解到的信息为每个部门负责人都打了90分,除了运营部。因为该部门的同事每天都加班且表现优异,所以王总决定给予该部门合适的得分,这由数据决定。本月内,王总并没有与任何员工谈论过绩效考核的目标,也没有明确告诉下属本月目标要提高,因此每个部门的月度绩效目标都是相同的2 500万,比上月少了300万,但王总并不满意,因此他直接给了运营经理60分,并进行了批评。在这种情况下,小罗也不知道该如何进行沟通。

  该公司在成立的10年时间内,员工流失率高达60%,并且业绩与上年相比减少3 200万。唯一的绩效管理方式就是进行例行考核并打分,因此所有人都很忙,面谈也不被重视,辅导也没有获得足够的时间。最终,小罗离职了。

  通过以上案例不难发现,B公司的绩效管理落地很难,因为领导者对此不够配合,也不肯放权。特别是在中小型企业中,高层管理者对于公司的发展至关重要,尤其是总经理。即使有再好的绩效管理制度和工具,如果总经理不支持推进,也会变得很困难。

  这一案例告诉我们,领导者应高度重视绩效管理,这是企业发展的关键因素之一。如果管理者在绩效管理过程中得不到支持或受到干扰,则绩效管理很可能会失败。同时,领导者应该尊重员工的意见和反馈,而不是一意孤行地做出决策。最后,对于企业而言,稳定而有效的绩效管理是企业发展成功的重要保障之一。

  两种管理方式的差异也影响着员工的成长和企业的发展。刘总的管理方式让员工有更多的自由和创新空间,促进了企业的持续发展和壮大;而另一家公司的集中式管理模式则让员工疲于应对,并无法自主建言,最终导致了企业的衰败。这样的故事告诉我们,在当今复杂多变的商业环境下,企业管理的方式和模式非常重要。领导者需要通过正确的管理方法引领团队朝着正确的方向前进。

（二）没有进行绩效辅导

在企业管理中，绩效辅导是至关重要的环节。然而，在实际操作中，绩效辅导往往容易被忽视。以C公司为例，该公司是一家科技类企业，总经理肖先生在推行绩效管理之前特别忙碌，通过请咨询公司派驻场老师帮助推动绩效管理的实施。然而，推行绩效管理3—4个月后，由于工作压力减轻，肖总开始有了闲暇时间。以前他需要每天在办公室里忙碌到晚上12点。现在，他很难适应闲下来的状态，总是抽时间询问下属部门经理在做什么事情。看到下属们忙忙碌碌，他就会问："我能为你们做点什么吗？"这样反复询问下去，他为自己增加了很多的工作量。每个月都需要与下属讨论绩效目标和考核打分，肖总觉得这些工作变得枯燥乏味，缺乏新意，只是在不断重复着面对面的会议和打分。肖总并不知道如何向下属提供有效的绩效辅导，他只是在下属开始处理任务前告诉他们完成任务所需的时间，而不是帮助他们完善实施计划的支持。他对所做的事情感到高兴，但他没有真正地帮助下属成长，提高员工的能力。

有一次，公司产品材料出现问题，经调查发现只有肖总签了字，其他相关责任人缺席。公司召开了会议，讨论如何走流程，按规章制度进行操作。

两个月后，公司外贸部门与一位英国客户洽谈订单，由于这位客户是新开发的，肖总很想赢得他的信任，于是第一单直接低于成本卖给了客户。客户要求购买1 000台机器，第一单价格为1000元/台，第二单价格为1200元/台。销售人员要求第一单价格也应1200元/台，但客户不同意。肖总感到很难过，这造成好几个月都没有获得利润。

其实，从营销的角度来看，如果肖总不降价，这个客户还是会购买同样数量的产品。因为客户是代理商，本来就需要购买，而且C公司的价格已经是全国最低的，即使卖1 200元/台，价格仍然是全国最低的。外贸销售同事与肖总沟通后认为，如果开始就不降价，也是可以实现与客户的合作。

经过三个月的招聘，人事部雇了一位人事主管。人事经理根据复试结果推荐了一些候选人，其中包括小张和小李。人事经理告诉肖总，小张更适合专业要求，并且自己也会优先选择小张。但是，经过复试后，肖总觉得小李更合适，没有顾及人事经理的要求直接聘用了小李。

事实上，人事经理有权决定自己部门的招聘，但肖总认为公司的所有主管级员工都应该参与面试。在试用期一个月后，小李离开了公司，原因是工作压力大，需要加班，离家也比较远。

从C公司的案例来看，实际上肖总做了很多事情。如果不去做这些事可能会更好。他自己的本职工作也需要加强，部门经理的绩效辅导做得并不细致。这表明他需要深入了解部门经理的管理情况，而不是把自己当作万能的员工，做了所有事情，但都做得不好。总经理去做员工的工作未必比员工做得好。总经理做久了，可能会像老师一样，认为自己什么都会什么都懂。每个人都有自己的优势，员工只会专注于自己的工作领域。在这方面，他们不一定会比总经理差。因此，各司其职，需要总经理带头。

C公司总经理肖先生需要调整自己的工作方式，以更好地发挥管理职责，从而提高公司绩效。具体建议如下：

（1）参与公司层面的管理会议，了解各部门工作情况和遇到的困难，让大家提出需要协助的事项。不应该直接去问部门经理，并做下属该做的事情。每周深入了解每个部门经理的具体困难。

（2）不要去做自己职责范围外的事情。企业家不能认为什么事情都与自己有关，总经理有总经理的岗位职责，应该抓大放小。

（3）持续跟进每周每个部门的核心重点，以形成跟进表，然后让人力资源部去跟踪。针对不同部门出现的相同问题，总结成PPT，并与经理层分享。

（4）及时参加公司对外接待和大客户拜访，以及陪同供应商参观。

（5）了解公司的财务相关数据。

（6）辅导各部门如何管理团队。

（7）辅导产品部门开拓研发思路。

在绩效辅导方面，需要结合现场管理，对各部门进行绩效辅导，让部门经理对下属进行教育。在会议中找出最优秀的部门负责人让其在周会上分享经验，组织各部门经理学习，并且给予优秀部门必要的实操任务。同时要跟踪部门层面的计划推进情况和业绩部门目标达成情况。总之，肖总需要找准方向，聚焦主要任务，发挥自己的管理职责，提高公司绩效。

（三）绩效辅导缺乏与现场管理的结合

如果绩效辅导没有与绩效管理结合起来，就可能会显得空洞，不能真正推动企业的发展。绩效辅导需要同时关注过程和结果，在这个过程中协助下属更好地完成既定目标。现场管理是对员工、设备、原材料、加工和检测方法、环境以及信息等进行合理有效的计划、组织、协调、控制和检测，并达到优质、高效、低耗、均衡、安全、文明生产的目的。现场管理是生产第一线的综合管理，是生产管理的重要内容，也是生产系统合理布置的补充和深入。企业的现场管理就是为了让员工日常工作有序进行。经理需要抓主管，主管需要安排老师傅和老员工协助新员工一起工作，实现有序、高效的生产。而现场管理的运行则需要遵循制度、流程、要求、战略、目标、任务、行动计划等。只有绩效辅导与现场管理相互关联，才能推动企业的发展，提高人效。下面举例说明绩效辅导与现场管理的相关性。

绩效辅导是管理者为了推进工作进度而对下属进行的有益活动。这种活动需要与现场管理相结合，并在汇报机制的会议中进行。在会议中，管理者可以针对表现不佳的员工进行辅导。此外，绩效辅导还应与计划结合，关注上周推进事宜的完成情况，针对未完成任务的部门私下进行辅导，指导员工如何提高效率，从哪些维度入手。当现场流程发生变化时，管理者也需要与流程结合，亲自实施一遍做榜样，或者在旁边观察并及时调整方式，以确保流程的合理性和高效性。绩效辅导还需与培训相结合，针对岗位技能不足的员工，管理者可以协调技能强的员工进行手把手教学。当员工因情绪影响工作时，管理者应该及时找他谈话开导，或者找老员工协助开导，并给老员工布置任务以提高效率。每个员工都是一块砖，构成了公司的大厦，各层级之间的绩效辅导就如同梁和基脚，让每块砖都能发挥最优作用，减少重复，提高效率，推动业绩增长。

如果绩效辅导没有与现场管理结合，会出现重复沟通和目标理解偏差的问题，影响绩效辅导效果。有些员工甚至可能会出现理解误区，导致绩效辅导需要重来，这样会浪费大量时间和人力成本。汇报、计划、流程和培训都需要与绩效关联，进行效果评估，否则责任无法追究到个人。如果只有一部分人做得好，而其他人没有得到指导，整个团队的绩效都会受到影响。为了让管理工作变得更简单,无论公司规模大小都需要在绩效辅导和现场管理中加强沟通和理解,让每一个人都能发挥最优作用。

(四)绩效没有与薪酬福利挂钩

如果绩效管理不与薪酬福利挂钩,那么就好比交通规则不惩罚不守规矩的司机一样,那么所有的道路都乱套了。如果公司的绩效管理只停留在表面,却没有真正地将员工的绩效表现与薪酬福利挂钩,那么公司做绩效管理和没有做是一样的。而且如果没有挂钩,责任追究也会变得非常困难。

在公司中,绩效管理是非常重要的一部分。良好的绩效管理可以激励员工的工作热情、提高工作效率,加强员工与公司之间的联系,进而带动整个企业的发展。但是如果绩效管理不能与薪酬福利挂钩,那么员工的工作成果就无法得到公正的评价和认可,员工也会感到沮丧和失落,最终会影响员工的工作积极性和公司业务的进展。特别是在责任追究方面,如果绩效和薪酬脱钩,那么将很难找到问题的源头,耗费公司的精力和时间。

因此,要想建立一个良好的绩效管理体系,就必须将绩效与薪酬福利挂钩。只有这样才能真正激励员工发挥出最大的潜力,从而推动公司业务的不断发展。

D公司是一家拥有强大管理队伍的集团性地产公司。该公司在2018年已经开始实施绩效管理,但由于多年来没有给员工加薪,因此公司也不好意思扣除绩效工资,没有对员工进行评分,最后只是将全部绩效工资发放给员工。到了2020年,公司总经理卷入一起烦琐的官司,每天不同的管理人员都向上级反映工作不易、某个部门做得不够好。有些人甚至没有事情可做,整天就是跑去找总经理聊天,顺便对其他部门进行差评。总经理很烦,但不好驱逐公司高管,只能躲避他们。当他们进门时,总经理会假装有事离开现场。更糟糕的是,人资在整个公司内部会不断制造麻烦并提供知情举报,导致公司内部充满矛盾和不信任,员工感到十分疲惫。

这时候,D公司邀请笔者来做辅导。实际上,这个问题的根源在于整个集团并没有制定明确的评价标准,同时绩效管理也没有得到有效的实施。经营计划、年度计划也只是在文件中表面化地呈现,而没有通过有效的培训活动一步一步逐级传播和宣传。这种模糊的评价标准会让许多人受到干扰并通过不正当的手段得到好评。

D公司的问题需要通过对企业进行诊断，梳理公司的战略目标、经营计划实施、年度计划分解、年度考核、各部门管理分工以及绩效提取等步骤进行彻底解决。然而，该公司之前也曾尝试过这样的方法，但实际上年度计划制定得非常粗略，各部门经理都不愿意将其细化，公司总经理也没有进行绩效面谈和辅导，而绩效考核内容也没有与薪酬挂钩，结果导致了每月的绩效分数异常高。在2021年进行调整后，尽管公司进行了其他绩效管理步骤并设置了绩效工资，但由于总经理没有给直属下级进行绩效面谈和辅导，导致绩效考核依然不够理想。

（五）以绩效为手段

有些主管和经理对绩效管理这一工具非常熟悉且深信不疑，他们认为绩效管理对于团队管理来说非常有帮助。在E公司这个3C类目的电商企业中，售前售后主管刘先生管理着12名售前人员和8名售后人员。实施绩效管理之后，团队管理变得更加顺畅。然而售后团队中的一名老员工——小陈，不太听从指挥，不按公司规定来做事，但他的责任心非常强。尽管每个月小陈的绩效得分都还不错，但刘主管仍想把他辞退，并为小陈设定了比其他人更高的绩效目标。每个月刘主管通报小陈的表现时，总是抱怨他工作不努力、服务差，这并非事实。除了绩效得分之外，刘主管将小陈其他方面的表现都按自己的想法打了低分。这样持续了半年后，小陈感到非常委屈，原本想找上级经理沟通，但考虑到他是一名老员工，不想给经理惹麻烦。最终，当刘主管再次提高小陈的绩效目标时，小陈选择了辞职，而刘主管则在当周批准了他的离职手续。

第二天，小陈在公司附近找到了一份售后组长的工作，新的职位薪酬比之前多了1 500元/月。

由于小陈的离职，刘主管手下缺少老员工来接替他的工作，也没有做好交接的准备。为了填补这个空缺，刘主管招聘了2个月，最终只招到了一个售后客服，但该员工的工作能力比小陈差很多，只能完成小陈工作量的一半。为此，刘主管被迫再次招聘了一名售后客服专员，才勉强满足了工作需求。这种情况让经理非常不满意，因为薪酬支出相比以前每月增加了6 000多元。回头想一想，刘主管意识到自己为了得到一点儿表面上的尊重，导致售后团队的效率受到了很大影响，而这样的做法并不值得。

新来的售后客服效率低，业务量也大幅减少。回头看看，小陈以前非常擅长挽留订单，而刘主管却没有考虑到这点。最终刘主管意识到，企业用人一定要用贤，而不是只考虑自己的感受。在设定绩效目标时，应与岗位相匹配，而不是故意拔高。同时，优秀的员工应该得到奖励，而非将工作中其他方面的缺点视为理由去挑剔员工。

（六）员工不认可

在绩效管理的实施过程中，如果员工不认可，主要是因为他们缺少必要的培训。当绩效管理被引入时，公司并没有为员工们提供培训；当公司组织绩效管理分解时，也没有向部门员工宣传。当部门的指标被提取并实施分解到各个岗位时，同样没有宣传和培训。此外，在绩效面谈和绩效辅导的时候，也没有给员工进行培训。难道绩效管理只需要培训管理层就可以了吗？员工不需要培训吗？实际上，员工具有知情权，他们也是参与者。在公司进行绩效管理和分解方案的时候，管理层需要向员工传达绩效管理的好处以及针对员工的福利。

绩效管理对员工有哪些好处？

首先，晋升加薪是比较公平、公正的，可以为有能力、愿意拼搏的员工提供快速晋升的通道；其次，"多劳多得"和"少劳少得"是根据不同岗位的工作量设计薪资水平的，而绩效制度应以奖励为主，而不是以惩罚为主；最后，凭借能力吃饭可以减少内耗和不必要的重复沟通，为员工营造良好的工作环境。

如果员工不认可并不执行绩效管理，主要问题在于管理者没有向员工分享公司在每一步绩效管理推进过程中的信息，没有营造一个公平的工作环境。

（七）考核工具与企业不匹配

考核工具不合理是大多数中小型企业的通病。在贸易类企业中，不合理的绩效工具通常没有很大的问题，使用KPI、OKR、KCI等不同的工具都可以起到一定作用。但有些企业选择了错误的工具，会给管理带来很大的困扰，尤其是生产型企业和地产类企业。

生产型企业需要根据不同层级和岗位选择不同的绩效管理工具，不能单一使用一种工具。此外还要考虑管理水平，例如办公室可以使用KPI+KCI+KBI，这适合于管理经验丰富的企业，管理者能力较强。如果管理水平较低，可以在办公室和管理人员中使用滚动目标或者PPI（生产计划管理）+KCI/现场管理的方式，而在生产线员工中应使用KBI或者计件来进行管理，具体要根据岗位和企业情况来选择。

对于生产线普通员工，管理最好以现场管理为主，以生产计划为基础，主要通过管住员工不偷懒、不做其他工作来开展绩效管理。生产计划相对比较稳定，当生产数量很多时，可以按计划进行管理，同时普工可以采用计件管理。但如果生产计划不稳定，只能使用KBI的方式，选择动作最快的员工来做流水线的第一个岗位。管理者也要在现场辅导和帮助员工提高效率。

需要注意的是以上仅仅是举例，读者在选择考核工具时要谨慎，不要乱套考核工具。

案例：

地产类：工程PPI+KBI

企业必须选择适合自己的绩效管理工具。有一次，笔者出去做分享时，一位做绩效管理的老师问笔者都用哪些工具。笔者恰好在三、四线城市做地产咨询，所以就回答说使用了KPI、PPI、KBI、KCI等工具。而一位在一线成熟互联网行业工作的老师则骄傲地表示，这些工具都已经过时了，现在我们都使用OKR和KPI。其实，绩效工具没有高低贵贱之分，也没有什么工具比其他工具更先进的说法。不同行业、不同城市、不同发展速度的公司需要的工具是不同的。

（八）核算困难

在进行绩效管理的过程中，有些指标的计算涉及比率、利润率等数值，可能需要一个月或几个月才能统计出来。而有些项目可能需要几个月时间，回款也需要好几个月才能到账。在这种情况下，员工提议绩效管理一个季度做一次是合理的。可以在必要时调整指标，但不能将绩效管理仅限制在季度核算一次。绩效管理一定要常态化，才能推动企业的发展。过长的时间间隔可能导致管理滞后，对企业的效果影响较小。

三、绩效管理落地的难点

绩效管理的核心难点在于对月初绩效计划中的目标面谈和绩效辅导。表5-1是职能部门成长阶段绩效面谈表。

表5-1 职能部门成长阶段绩效面谈表

财务部月度绩效考核表							
	岗位：财务经理	被考核人：		主考人：		月份：	
序号	考核维度	考核指标	核算方式（数据来源）	权重	自己评分	领导评分	实际得分	备注
1	月度KPI	渠道&内贸目标完成率	实际完成/目标值	10%			0	
2		去库存达成率	实际完成/目标值	10%			0	
月度KPI权重		小计		20%			0	
序号	考核维度	重点计划（含完成标准、时间、成果）	完成情况（时间、成果）	权重	自己评分	领导评分	实际得分	备注
1	团队管理	现场管理：周会(3次)、周报(3次)、月度绩效、员工工作内容分解分工，上传下达。		15%			0	
2		1.部门内部人员工作分工分解管理（分解各岗位的绩效分解并促其完成）。2.部门内部培训（包括岗位及技能培训、专业知识培训）（1场岗位操作手册培训）。3.公司财务培训（1场财务报销流程培训）。		10%			0	

续 表

		财务部月度绩效考核表			
3	资产管理	1. 会计成本核算：形成材料明细汇总表和店铺绩效表并转化成财务分析报告，对公司的运作和决策提供财务数据支持和专业意见。 2. 公司现金把控：完善出纳的岗位操作流程手册。 3. 存货周转周期：周转率明细报表并出相关报告，并根据报告对采购提出建议。 4. 财务报表分析（公司层面报表&运营层面各种数据分析表&管理层面的各种报表）。 5. 仓库&生产的管理：实质性地抽查仓库（重点抽查1、2号仓），每个仓20种/月/2次，可以分次完成。	30%		0
4	公司重点事宜	1. 系统推进（系统专项小组成员，配合系统推进）。 2. 公司&部门制度流程推进。	10%		0
5	跨部门沟通与协调	1. 投诉、细节、财务单据审批（责任投诉不超过2次，财务单据审核正确率100%）。 2. 领导安排的其他事宜。 3. 跨部门沟通与协调。	10%		0
6	个人成长	《团队管理》学习150页。 专业学习：学习财务分析报告。 产品学习：熟悉产品框架，处理上级安排的其他事宜。	5%		0
月度考核		小计	80%		0
		合计：100%		0	

1. 对团队造成不良影响：扣10—100分；
2. 触犯公司"高压线"，如打架、斗殴、聚众赌博、散播负面情绪、严重不服从上级命令，给予严重处罚、劝退或者开除处罚；
3. 对团队贡献大，加10—100分。看具体事件对公司的影响。

续　表

财务部月度绩效考核表	
分管领导意见：分管领导加分或者扣分请在备注栏说明原因。	人力资源意见：人事行政部加分或者扣分请在备注栏说明原因。
备注：评分依据，卓有成效（90—100分）；有效果（80—90分）；基本完成，效果不明显（70—80分）；没有完成/没效果（70分以下）。	
本人签字	部门经理签字

绩效辅导不仅要涉及岗位专业技能培训，还需要从知识和经验两方面进行提炼和传承。因此，管理者需要不断学习并总结经验。

四、绩效管理实施第三阶段和第四阶段

在绩效管理实施的第三阶段和第四阶段，与第一阶段和第二阶段相比，没有普遍相同的点，不同行业实施步骤也不太相同。第三阶段和第四阶段都以绩效整改为主，但需要根据具体情况进行定制。

（注：由于篇幅所限，以下所列示的内容仅供读者理解、参考）在进行第三和第四阶段的绩效管理实施时，需要面临许多具有针对性的绩效整改问题。具体来说，这些问题会因企业和行业的不同而异，比如：

（1）绩效目标设置的合理性：需要给出更具体和实际的绩效目标设定方案，使其与企业整体战略相一致。具体实施时，要求每个分管部门和每个层级的员工强化绩效目标的适应性，使其显而易见、可衡量、可实现。

（2）管理者能力缺失：需要在企业中寻找有经验、有能力、有激情的干部，并培养他们所需的能力和素质。具体实施时，主要是通过旁观教学和学习型组织的建设，加强团队力量和协作精神的培养，实现管理者的能力提升。

（3）绩效激励机制不完善：需要调整绩效激励机制以提高员工的积极性。具体实施时，要针对不同的员工群体制定激励机制，为员工提供更好的发展平

台和通道，并为员工提供与销售和利润相对应的奖励和激励机制。

总之，实施绩效管理的第三阶段和第四阶段，需要根据企业和行业的实际情况对绩效整改提供定制化服务，才能使企业更快地适应市场需求和企业战略发展的要求，并促进企业的稳定和长远发展。

论述题：

1. 做绩效管理为什么要做干部培养？

2. 绩效管理经常用来淘汰员工，说说你的想法。

3. 你认为你们公司需要开月度运营会吗？为什么？

4. 职能部门的月初面谈目标，怎么谈？

5. 绩效管理如何与现场管理结合？

6. 总经理可以不实施绩效面谈和绩效辅导吗?不实施对企业的影响有哪些?

7. 绩效考核的结果如果不与薪酬关联会怎么样?

第六章 不同规模企业绩效管理的实施

一、1—20人的企业绩效管理如何实施

（一）组织诊断

在对1—20人规模的小企业进行诊断时，需要与创始人和核心员工进行沟通，而不需要进行人才测评。沟通的维度主要包括岗位技能、实际能力和未来增长的摸底了解，这些信息的获取主要是为协助三年计划的制定。根据所制定的三年计划和目前一年的目标，可以设定当年的组织架构。

（二）战略梳理

在战略梳理中，主要了解企业所处的行业情况，创始人的实际能力、资源情况、优势和劣势，以及团队和行业的发展可能性。要对销售整体目标进行测算，然后将其分解到每个部门。空缺的岗位由人力资源部进行招聘。

（三）经营计划制定

在经营计划的制定中，不需要深入细分，只需要将三年计划梳理清晰即可。原因是很多部门还未建立，一个经理需要负责多个岗位，因此无法进行更深入的细分。当企业外部环境较好、人员需要扩张时，企业就可以进行更细致的部门招聘管理。如果人员扩张不是大规模的，那么企业不需要组织开展制定经营计划的会议，核心管理层只需要将三年计划、每年部门的计划、各项数据清晰地呈现即可。

（四）年度计划制定

年度计划也不需要写得太细，营销部门可以分解年度目标，细分管理行为；职能部门则写年度性的总结和制定下一年度计划，可以使用PPT进行呈现。

对于1—20人规模的企业来说，如果要进行战略梳理和目标测算，特别是在扩张的情况下，数据收集一定要严格、仔细。

（五）年度考核

针对年度考核的情况，没有设立年终奖的企业可以通过发放红包或者带着团队去旅游的方式来奖励不能单独做考核表的部门。有些企业则是根据业绩情况设立年终奖，但基数并不是确定的。在这个阶段，可以简化年度考核过程，使用年度绩效平均数进行评估。如果企业没有设立绩效考核机制，可以考虑按照销售部每个月的业绩情况给予员工年终奖，或者在年初就设立激励机制。总之，年度考核可以根据具体情况进行灵活调整，不一定需要完全按照模板实施。

（六）各部门人员分工

在部门建设方面，我们发现部门建设还不够完善，因此需要进行部门权责梳理。具体来说，可以根据各部门的权责情况对每个岗位的工作内容进行梳理，并依据岗位职责制定相关的岗位说明书，以此来进一步完善部门的组织架构。

（七）绩效考核提取

根据公司三年战略和每年的目标，各部门可以制定重点计划并根据岗位职责进行绩效考核。其中，销售部门可以根据一年的目标进行目标分解，而职能部门可以根据计划提取重大事件。如果某些部门没有制定计划，可以根据岗位职责制定绩效考核表进行考核。

职能部门在考核时最好不要采用KPI考核方式，因为这可能会使管理变得复杂，绩效管理最好以简单易操作为原则。针对职能部门，可以使用计划管理（PPI）或滚动目标管理+KCI、OKR等多种方式实施，也可以采用KPI+PPI、OKR+KCI、关键成功因子（CSFS）+PPI等多种方式的组合实施。对于成功因子的提取可能比较困难，有时可能会出现考核偏差的情况。如果企业发展速度较快且工作变动频繁，建议采用滚动目标+KCI的方式进行绩效管理；如果企业较为稳定，建议采用PPI或OKR的方式进行绩效管理。使用OKR考核需要员工进行自我管理，而绩效面谈要在月初进行，需要在绩效辅导时沟通并书写流程和操作指南，经理人需要有耐心进行多次教育并分享案例。

PPI是简单易操作的方式，也需要进行绩效面谈，讲清楚计划的要求、完成情况、所达到的效果（质量、量、时间节点等）。在绩效辅导中也需要注重传承。

在绩效辅导过程中，如果责怪考核工具不好，其实是不可取的。任何绩效管理工具都需要与现场管理结合，以便更好地发挥作用。如果企业只是进行绩效考核而没有进行绩效面谈和绩效辅导，可能会产生反作用或者无法起到实际作用。

绩效面谈是绩效管理的重要环节之一，通过面谈可以了解员工的绩效情况、发现问题和短板，并进行针对性指导和辅导。绩效辅导是针对员工的单项或多项具体行为进行具体指导，帮助员工提高绩效水平和工作效率，同时也能促进员工个人发展和职业成长。

（八）月度绩效实施

企业在实施绩效管理时，需要经过1个月的试运行和调整期，经过基本的调整后，在第二个月就可以直接与薪酬关联，并直接实施。当然，如果在第二个月发现其他问题，建议企业继续试运行2—3个月来进行调整。绩效管理实施最忌讳的是企业每个月都在进行调整，导致员工每个月的薪酬都会有不同的浮动。企业可以让自己有一个适应的过程，大家可以运行3个月。这3个月薪酬还是按之前的发放，3个月内按照大家的建议，共同参与调整，完成后大家才能接受，然后与薪酬关联。这个过程也是管理者和员工从排斥到接受到修改再到实施的过程。绩效管理的目的在于提高整体绩效水平，因此，对于实施绩效管理，需要避免管理层单方面做决定，再发通知直接将本月的绩效与薪酬关联。这种做法容易让员工感到混乱，甚至影响工作表现。为了确保绩效考核内容的合理性，每个岗位代表都应该参与，绩效目标必须与员工进行沟通，在领导和员工的共同努力下，使整个绩效实施过程更加顺利与有效。同时，这个过程也需要直属领导的协助。只有这样做，员工才会认可，否则领导不满意，员工会感到委屈。实施绩效管理对于企业的管理是有很大帮助的。岗位说明书是人力资源出的模板，员工经过个人确定后需要宣贯。

二、20—50人的企业绩效管理如何实施

（一）组织诊断

当企业人数在20—50人时，引入绩效管理需要进行组织诊断，并对核心管理人员进行人才测评，以了解组织发展和管理人员水平的匹配情况。如果企业所在行业处于上升阶段，引入绩效管理可以在1年内快速扩张，从而实现人员规模快速增长到80人左右（对于人员低于50人的企业），或者100人以上（对于人员规模在50人以上的企业）。然而，如果企业所在行业不景气，则引入绩效管理可以提高企业内部效率和人效，但无法根本解决问题。在这种情况下，业绩增长不明显，甚至可能由于核心业绩产出人的精力分散而导致销售业绩降低。因此，如果企业人数不多且所在行业不景气，那么企业需要寻找新的业务方向或其他创新商业模式，在进行战略调整和定位调整之后再考虑绩效管理的实施。

在绩效管理的实施过程中，有些老员工或管理者可能跟不上企业的发展脚步，但他们本身仍然勤恳。在这种情况下，需要同时制定干部培养计划，以培养管理者和员工的绩效管理技能，从而确保绩效辅导能够有效实施。如果管理者的管理水平有限，那么他们需要接受培训和辅导，以便更好地实施绩效管理。

（二）战略梳理

在企业的发展阶段中，如果所处的行业处于上升期，则每年可以上升的业绩目标空间会很大，而如果处于下滑期，则适当的稳定会比较有利。对于贸易型企业来说，在行业上升期，业绩增长的速度将更快。因此，在战略梳理过程中，数据测算和市场蛋糕目标的可行性非常重要。

在企业发展的过程中，很多企业的管理者担心扩张而不愿意壮大、管理太多的人，会选择舒适的发展模式。如果所处的行业处于上升期，选择舒适的发

展模式会比较轻松，收入也比较丰厚，而扩张的企业会比较忙碌，大部分收入用于扩张。对于中小型企业来说，战略选择会根据创始人的意愿和具体情况而定，梦想有多大，舞台就有多大。如果所在行业不景气，梦想虽然很大，但舞台不够大，那么适时地进行调整是比较合适的，特别是50人以下的企业，因船小好掉头，企业还不够稳定，没有足够的积累，也存在弊端。但在这个阶段之前，还是有些积累的，无论是管理方面还是资源方面，都有一定的积累，这为孵化其他项目提供了条件。

在制定战略的过程中，公司大的方向一定要具体明了，不能含糊犹豫。最终，战略应该清晰地描述出未来三年的方向和规划，并且需要考虑长远的眼光和目前的风险。根据公司的三年战略制定组织架构，并预估第二年组织架构的调整是非常重要的。

（三）落实经营计划

在这个阶段，企业的经营计划可按平衡计分卡的四个维度制定：财务、客户、内部流程和学习与成长。如果在第一年没有经验，无法分解很多工作，可以先做具体数据，行为计划可以先不制定，而第二年的经营计划则可以做出详细讨论。

编制经营计划需要根据经营计划模板，或者在表格中按平衡计分卡的不同维度列出数据。对于行动计划，最好不要过于详细分维度，而是将重要的大事件记录下来。

在制定经营计划时，需要列出具体的指标和目标，并加以细化，以便定期总结和分析企业的运营情况。企业需要对目标进行量化，以方便在管理过程中进行绩效评估。此外，还需要调整经营计划，符合企业实际发展需要，确保总体规划与经营实际情况相匹配。

对于企业经营计划的编制，需要针对不同的情况进行不同的规划。对于初创企业，经营计划的制定可能更为简单，而对于成熟企业，则需要更为细致、全面地考虑各方面因素，并制定合适的计划。

（四）年度计划

企业的年度计划不需要过于详细。营销部门可以按照年度目标进行细分，并将管理行为相应分解。职能部门则需写出当年的计划，以及年度性总结和下一年的计划。呈现年度计划可以使用PPT或表格。对于营销部门而言，年度计划需要明确营销目标，考虑市场需求和竞争状况，对目标进行量化，并根据不同客户群体，确定不同的营销策略和行动计划。管理行为则需分解到具体人员和时间节点上，以确保目标的实现。对于职能部门而言，需要做好当年计划、年度性总结和下一年计划的编撰。当年计划要围绕公司整体战略及营销部门的具体目标，明确部门的任务分工及绩效指标，并将计划逐一分解到每个职能部门及具体人员。年度性总结要对当年计划的完成情况进行详细分析和总结，并对不足之处进行反思和改进。下一年计划则需综合考虑公司整体战略和营销部门的计划，厘清下一年度的任务分工及绩效指标，并确定各个职能部门的具体任务和时间安排。

企业可以选择适合自己的方式呈现年度计划，例如使用PPT或表格等，以便更好地与各方面人员沟通和分享。

（五）年度考核

在企业的年度考核中，不同的部门可能不需要单独制定考核表。在这个阶段，有些企业可能没有年终奖，而有些企业则有独立的年终奖方案、年底双薪、年底红包或者带着团队去游玩几天等福利。此外，在这个阶段，很多企业都会将销售部门的激励和后端激励分开考虑。销售部门的激励按照销售实绩执行，而职能部门的绩效一般是按照年度绩效平均数核算，没有绩效的人员则会获得年底双薪或根据人力资源部门出具的独立年终奖发放制度获得奖励。

对于20—50人的企业而言，年度考核可以灵活制定。如果人员不太多，那么简单实用的年度考核方案就足够了，无须单独建立年度考核体系。在制定年度考核方案时，需要充分考虑对员工的激励，充分体现公司的使命与价值观，采用公平、公正的方式核算员工的工作表现，并加以量化和细化，以便评估和比较不同员工之间的差异，同时也需考虑到企业自身实际情况的变化，随时进行调整和改进。

（六）各部门管理人员分工

企业的组织架构设计主要以扁平化为主，以方便企业的快速发展。当企业快速发展时，可能需要对组织架构进行调整，明确各部门的权重和职责，需要制定详细的制度来分清哪个部门是主责，哪个部门是协助的，并配有流程表和文字说明。在做组织架构设计时，管理者需要参与讨论和修改。

明确各部门的权重对总经理来说是节省很多时间的重要途径。同时，这也为企业人员招聘做好准备。各岗位的岗位说明书需要详细，包括招聘要求、汇报对象、下属以及晋升岗位等相关信息，以便于选拔和招聘合适的人才并为企业设立职业发展通道。

在制定组织架构设计时，需要充分考虑企业的整体战略以及未来的战略规划，明确各部门之间的关系和协作方式，同时也需要合理划分不同部门之间的职责，避免工作重复或者无人负责的情况出现。此外，还需要建立有效的沟通和协调机制，加强内部协作与沟通，实现企业各职能部门之间的无缝对接和协同工作。

（七）绩效提取

绩效提取是企业绩效管理的重要环节之一。主要分为两个方面，即三年战略方向和一年经营计划，皆需分解到核心部门和核心岗位中。直接与业绩相关的销售部门承接数据目标，需将目标分解到每个销售岗位和销售人员，每月进行具体监控和管理。对于职能部门而言，需要列出重点事件计划节点，精确分解到核心岗位，以便实现绩效目标的量化考核。

在绩效提取过程中，需要从各岗位的职责中提取核心指标，包括组织和岗位指标两部分内容。对于一年经营计划的指标推导而言，属于组织指标；而对于岗位提取出来的核心指标，则属于岗位指标。两者需要相互结合，并进行综合考核，不能简单地采用 PPI 或 OKR 等单一考核指标，在考核过程中需要进行组合，从而达到最优的绩效管理效果。

合理的绩效提取方案不仅能够有效衡量员工的工作表现和绩效水平，也有助于推动企业的整体发展和提高员工的积极性和工作创造力。在绩效提取过程中，需要防止一些常见问题的出现，比如过于简化考核指标、考核标准不合理、制定考核方案缺乏过程参与等问题,以确保绩效提取过程的有效性和实效性。

在绩效管理中,绩效考核工具是非常重要的一环。在一些中小型企业中,绩效管理的实施需要更高的创新性。企业规模越小,绩效工具的组合方式就会越多,不同层级使用的工具也会不同。一些讲师在讲授绩效课程时,会以大型或知名企业的人力资源经理或总监为例,这些人员可能没有小型企业的经历。因此,在给中小型企业建议时,讲师有时会建议不要实施绩效管理,因为这会很难做好。如果某些企业所在行业不景气,实施绩效管理未必会起到预期效果,反而可能会起到反作用。因此,为了避免出现这种情况,有些讲师可能会建议企业先不要实施绩效管理。

在大型企业中,由于一直都有绩效管理,因此绩效工具的统一性越来越高,工具也越来越简单。当大型企业没有实施绩效管理时,需要花费三个月的时间逐渐统一管理认知和考核工具的组合。通过频繁开展绩效目标面谈,企业管理会越来越成熟。在公司有培训部门和内部兼职讲师的情况下,绩效管理工具也会更加简单,可以直接用单一工具。

(八)月度绩效实施过程

在实施绩效管理之前,应先进行2—3个月的试运行。在此期间,员工需要熟练掌握绩效管理的四个步骤,并在实施过程中积极提出各种问题和宝贵的建议,管理层需要与员工一同讨论是否加入这些建议,并及时调整实施方案。此外,还需要制定绩效制度,并与薪酬关联起来。年度考核可以比较灵活,无须设置单独的表格。而对于月度绩效,可以设置相应的制度与薪酬关联与奖惩机制,并制定实施流程及每个环节的时间节点,每个部门负责具体事宜。

试运行开始时,要与现场管理结合,每周需要统一汇报周计划,每周固定时间开周计划会,每周计划分解到月度计划中,每周目标完成分解到四周的月度计划中。

在月度绩效循环实施的过程中,一定会有一些员工表现优秀,有些部门的绩效管理也做得比较好。公司级别的会议应该让优秀的部门负责人分享自己的成功经验,对于表现优秀的员工和部门,也需要让他们分享是如何解决问题的。整个公司每周的周计划汇报和分享都是不可或缺的,这样每月初的目标完成效率就会得以提高，也就是通过管理间接推动目标完成。

在这个阶段，企业可能会遇到人员流失的问题，同时对招聘适合人才的要求也会变得更高。表现在以下两个方面：一是难以匹配有能力的薪酬标准；二是一般的人才管理者难以看中。此时，企业需要在人才招聘中进行探索，以找到更加优秀的人才来满足发展的需要。

在此过程中，企业需要注意干部培养，注重人才培养。对于之前的创业初期员工，企业应安排他们去外部学习，同时还可以邀请外部咨询专家来指导企业员工发展。此外，在这个阶段还需要培养最少4—5名优秀的储备人才（包括主管）和3名以上独当一面的部门负责人。缺乏足够的人才储备，将直接影响企业未来的发展状况。因此，人才培养是非常关键的。若不能培养好人才，企业将只能依靠1—2名核心人物来维持运作，这样既会使企业发展十分困难，也会让创业人员负荷过大，难以持续发展壮大。

三、50—100人的企业绩效管理如何实施

（一）组织诊断

在企业发展过程中，组织诊断是非常必要的环节。其目的是对企业的组织结构、管理体系、流程等方面进行全方位的诊断和评估，帮助企业发现其优点、问题和改善方向，从而进一步提高其经营效益和发展潜力。

实施组织诊断需要详细的诊断过程，包括了解企业的战略方向和经营策略、组织结构与形态、组织结构的价值观和文化、组织管理流程和作业流程、组织效率和效能等方面；同时也需要了解企业内部各部门、层次以及其所属的更大组织体系网之间的平衡问题，以及组织的知名度、能力、伦理、社会责任、商业信誉和品牌价值等方面。

在组织诊断过程中，出现的问题主要集中在人力资源方面，包括薪酬福利状况、绩效管理状况、培训与发展状况、职业生涯管理状况、人事策略、制度问题、员工关系以及员工素质等方面。了解这些问题可以帮助企业发现存在的问题，提出改善建议，进而提升组织效率和管理水平。

企业可以通过组织调查、问卷调查、个别面谈和小型座谈会等方式进行组

织诊断，收集相关数据和反馈建议，从而进行诊断和改进。在此基础上，企业可以制定相应的改进计划和目标，提高组织效益和减少发展风险。

通过以上的方式，可以对企业进行全面细致的组织诊断。在进行诊断时，首先需要根据企业的具体情况和对管理者管理能力的要求来判断企业所处的具体阶段。其次，需要判断企业的管理能力是否与其所处的阶段相匹配，有些企业的管理能力与组织阶段是匹配的，而有些企业则可能存在管理能力与组织阶段不匹配的情况，这可能会导致企业的发展受阻。

针对不匹配的问题，企业可以通过不同的方式提升其管理能力。比如，可以通过改进管理方式、内部培训或外部培训等方式来提升其管理水平。通过这些举措，企业可以更好地适应市场环境和发展趋势，提高企业的整体竞争力，进而焕发出新的活力。

最后，需要强调的是，企业只有在建立稳健的组织架构、健全的管理体系以及拥有优秀的管理人才队伍的基础上，才能够实现长期健康稳定的发展，成为行业中的佼佼者。因此，企业应该高度重视该诊断过程，并根据诊断结果及时进行相应的调整和改进。

（二）战略梳理

战略梳理是企业管理中非常重要的一环。在这个阶段，与会者包括创始人、股东、合伙人以及其他管理层成员。在这个阶段，各个部门的具体管理情况都需要仔细探讨。对于未来三年公司整体方向、产品策略等方面，最好提前进行深入思考。

举例来说，在笔者的一个案例中，共有10家电商公司进行咨询服务。其中有8家企业都制定了3年的战略计划，而2家则没有。当淘宝的流量开始被分流时，表现尤为明显的是在2022年，其中F和H两家科技类企业客户单价比较高。其中F企业在人才培养和绩效管理方面都做得很好，但战略并不清晰，只是在2020年制定了明确的战略计划。受新冠疫情影响，原材料缺失，但整体业绩相对稳定。然而在电商行业变化如此之快的情况下，若人才培养不够夯实并且没有及时布局战略，就会导致2022年淘宝平台被分流，业绩开始严重下滑。重回其他平台的时间窗口不具备优势，且平台规则也在变动。这导致其核心管理层在2022年特别焦虑和辛苦。事实上，做企业确实一直是一项特别辛苦的工作，而且利润也并不是很高。

该案例中，8家电商公司在2022年虽然面临了很多困难，但业绩没有严重下滑，他们并没有进行裁员，甚至有些类目还扩张了。因此，对于企业来说，制定和执行战略计划不仅可以帮助企业更好地应对市场的变化和不确定性，也是提高企业竞争力和稳定性的重要手段之一。

H企业营业额达到1亿，客户单价在300—2 500元之间，但传统业务存在严重的损失。总经理的战略明确，新项目方向清晰，因此新项目增长迅速且没有太大损失。然而，由于管理疏忽、长期忽视人才培养和企业管理体系空缺，传统业务在10多年内只培养出两名能够独当一面的管理者，且人员流失严重。企业最大的错误在于经常调整员工的薪酬、绩效和福利，导致制度频繁变更。传统业务应该作为整个公司的托底，但由于长期忽视管理，导致损失严重。越是积累久、成熟的业务对管理水平的要求越高，因此在扩展新业务的同时，原本擅长的业务也需要适当管理，否则损失将会更加严重。如果资金充裕，无须担忧；但资金不够充裕时，老业务应该保证现金流。

经过诊断和战略梳理后，还需要调整现有组织架构，因为某些企业的组织架构已不适应当前的管理需求，或者不符合目前企业的情况，也需要为未来的发展进行调整。

（三）落实经营计划

在企业人数达到50—100人左右时，可以将平衡积分卡的积分模式应用到管理中。很多企业在这个阶段开始注重管理，这是夯实管理基础和壮大企业的关键时期。如果没有夯实管理基础，企业就会陷入重复出现相同问题的循环中。当外部环境竞争加剧时，企业可能甚至会退回到初创阶段，生存更加困难。因此，每年的经营计划分解和完成情况在这个阶段尤为重要。企业创始人需要注意，在这个阶段不是单打独斗的时候，需要借助团队合力推动企业发展。

经营计划具备四个维度，每个部门分解计划需要落实到部门负责人，协助部门需要落实到核心人员。这个阶段需要各部门独立管理，不宜让一个部门负责人监管太多部门。否则，很多重要的事情可能因为人力不足而搁置，或者完成效果不佳，员工也会抱怨很多。各板块的核心指标需要提取出来，企业年度重大事件需要哪些部门协助和责任单独立项跟进。其他具体实施参照经营计划模板，需要管理层共同参与讨论并一起完成书写，不宜让人力资源经理一人独立完成，这样部门负责人很可能没有深思熟虑和重视。

在编制经营计划时，需要进行 2—3 次上会并进行 1—2 次修改，最终完成计划。然后各部门开始编写自己部门的年度计划，这个年度计划需要非常详细。

某企业在编制经营计划时，首先需要进行会前数据准备。企业需要对上一个财年的数据进行分析，确定哪些方面需要改进和调整，以及哪些方面可以继续稳定发展。在此基础上，确定新一年度的主要目标和指标，并分解到各部门。

接着进行第一次会议。在会议上，各部门负责人需要就当前的业务和工作情况，向管理层做出详细汇报。并且针对新一年度的经营计划，根据自己部门的职责和能力，提出具体的办法和措施。经过讨论优化，确定经营计划的主要框架和整体目标。

然后需要进行第二次会议，确认经营计划的具体指标和各部门的任务分解。在这个过程中，需要对各任务的量化指标和完成时间进行详细规划，确保年度计划的具体可执行性。确定好年度计划各项任务、指标和完成时间后，需要进行详细制定，并分别落实到各部门负责人。

最后进行第三次会议，对年度计划进行最终的审查和修改，并确定下达年度计划的各项任务。此时，需要确保经营计划的制定、各部门年度计划的详细制定和实施，并进行有效的跟进和监督。经过以上的工作，企业就可以拥有一份详细、可执行性强的经营计划和年度计划，并为实现企业的长期目标奠定坚实基础。

下面给出一个案例供参考：

G 公司是一家从事 3C 电子产品研发制造的科技企业，旗下拥有独立的工厂和国内、国外的线上销售平台。截至 2019 年，该公司共有 92 名员工，其中人力资源部仅有两名专职员工，负责招聘和行政工作。过去，G 公司的管理方式以各部门负责人为主，每年的计划制定相对完善，但是实际落实情况总是与制定目标相差甚远。尽管每年都有具体的计划，但因为各种原因，每个月的具体计划的完成情况有较大的偏差，各部门都有各自的难题和理由导致计划执行不到位。为了解决这个问题，G公司于2020年特意聘请了一名人力资源经理，希望通过提高管理水平，让公司每年计划的目标得到充分的落实。

G公司的总经理经过考虑，决定招聘一名人力资源经理来提升公司的管理水平。他广泛面试了众多求职者，但是由于自己并不熟悉人力资源管理相关领域，因此难以准确评估应聘者的专业和优秀程度。有时候应聘者会吹嘘自己有各种技能，这就更使总经理难以判断。总经理了解到了不同的学历情况，但是可能因为自己仅具有小学文化而无法直观理解不同学历的含义。他曾在网站上查阅有关学历的定义，但仍有困惑，不知道何种学历最能适应公司文化。他请教过朋友，但是得到的建议并不一致，有些人力资源经理建议要看应聘者的各种证书，有些则认为应看应聘者的工作经历、专业背景以及能力等方面。

最终，总经理决定聘请赵经理，他认为赵经理年龄、专业和工作背景都比较匹配。赵经理曾在工贸一体的企业担任要职，具有丰富的管理经验和实践能力，对于G公司目前的管理和未来的发展具有较好的认识和见解。G公司期待通过赵经理的加入，能够为公司注入新的动力和活力，使公司的管理水平得到质的提升，实现公司的战略目标。

G公司聘请了人力资源经理赵先生，他具有8年的人事工作经验。其中5年是在某大公司担任主管，2年则是在电商公司担任全盘经理。赵经理发现，公司以往的管理方式不够深入，每年只开一个闭门会议，各部门根据总经理助理提供的统一模板写好年度计划和目标汇报，之后就结束了。赵经理只写过自己部门的年度计划，而未曾涉及整个公司的年度计划。每个月各部门按照定好的目标实施，有些月份未能完成目标，整体年度则有一些部门超额完成，有些则未能完成。赵经理发现对于G公司要求的年度战略分解，自己经验不足，只能硬着头皮上。尽管在网上查了很多资料，赵经理仍感觉一筹莫展。晚上他请教了以前的上级领导肖总，他是某集团公司的人力资源总监。

赵经理向肖总咨询："肖总，我最近刚去一家公司，总经理要做一个公司的年度计划，我以前只是做过部门的年度计划，公司的年度计划我以前没有参与过。"

肖总回答道："那你们公司去年是怎么做的？你可以拿他们之前的模板给我看一下。"

赵经理解释道："这边之前没有人事经理，也没有人事总监，只有两个年轻女孩儿，公司管理文件都比较空白，运营部的计划我发您微信上，去年的目标只是口头在会议室说了一下。"

肖总提到："这个部门的年度计划，嗯，写得一般，只是把目标写出来，没有写具体完成这个目标的过程和计划。"

赵经理感到焦虑，说："我现在就是担心这点，感觉什么都没有。"

肖总鼓励道："你也别担心，你去学习去实践，也是可以帮助企业的。经营计划是公司层面的管理的年度性表格，里面涉及的各部门是核心，不是你一个人可以写出来的。"

赵经理问道："那我要怎么写？"

肖总建议说："你之前了解过平衡积分卡吗？"

赵经理回答道："之前公司的总经理助理让我用这个做过绩效，但年度计划分解得很好，月度就不行，效果差。"

肖总解释道："平衡积分卡，也不是效果差，只是月度绩效要看公司情况和企业的工作模式选择工具。公司的经营计划可以用平衡积分来做，我们公司目前也是用平衡积分卡来做年度计划。我发一个模板给你，你学习一下。"

赵经理："好的，谢谢肖总，模板我按这个填写？"

肖总："不是的，你需要召开年度经营计划会。"

赵经理："好的，我拿表格在会上讨论？"

肖总："最好先填一些数据和相关内容再上会，最好让其他每个部门写自己的板块，然后再上会讨论效率高些。"

赵经理："嗯，好的。"

赵经理拿到肖总给的表格后，学习了很多遍，上班第三天与总经理汇报。

赵经理："我这边有成熟企业做的经营计划表的模板，我自己曾经也是这样实操的，我们之前公司做得都很好。这个表需要先找财务和您一起把数据填好，然后让各部门填写重点板块，部门负责人先填写，再开会讨论。"

总经理一看需要财务指标、利润、成本、支出、目标，他特别介意，以前利润这块只有财务、企业家还有合伙人知道，不能让大家知道。

总经理："知道了，你把表格发给我看一下，我一会儿再回复你。"

过了三天，赵经理看总经理没有回复，主动找他沟通。

赵经理说："总经理，现在已经快到1月份了。"

总经理回答道："那就更好了。"

一周后，各部门迅速地填写了表格，这个结果超出了赵经理的预料，表格中大部分内容都与模板一致，除了一些特殊部门填写的内容较少。在周一下午的会议上，各部门负责人表现得特别积极，很快就完成了会议，而且没有太多分歧。最终，会议用了两个小时来讨论和通过填写的内容，上下游部门也没有多余的意见。

晚上，赵经理特意打电话向肖总汇报。

赵经理说："我没想到大家都会这么支持，会议也没有太多分歧，很快就定下来了。还是要感谢您，肖总。"

肖总回答道："呵呵，那就好。他们之前没有做过这样的经营计划，管理水平可能相对较弱，对于经营计划中的细节可能了解得不够清楚，尤其没有考虑行动过程，所以上下游部门没有多余的讨论就决定了。"

赵经理问道："是这样啊，那接下来怎么办呢？"

肖总解释说："你现在需要让部门写下自己的年度计划，然后把经营计划表格中的各部门核心进行重点分解，再进行权重评估。你可以请总经理与直接管辖部门的负责人一起参与评估权重，如果财务、人事、总经理对此不是很了解，可以参考其他公司，在与部门负责人沟通商议后确定权重，然后再把表格发给他们填写。"

赵经理说："好的，谢谢您，肖总。"

（四）年度计划

在中小型企业中，经营计划通常比较注重抓重点，也比较简单明了。一份完整的经营计划文档通常包括重要的事件、各部门的核心任务、目标利润和方向等内容。然而，一些企业在召集管理层开会后，直接在会议室内确定目标利润和成本等细节，但是随后会有可能忘记最终确定的结果。因此，严谨的管理方式更为重要，不论公司的大小，都应该将年度目标和核心事件以文件的形式记录和保存。特别是在会议上讨论的情况下，应该将会议上确定的内容明确下来，会后将其发给参会人员保存。因为如果每个人对于开会讨论的理解存在差异，就可能导致实施方式出现差异。

以下是案例内容：

假设 G 公司的总经理和电商运营部之间沟通了销售提成制度。按照约定，利润在 100 万以下时提成为 3%，在 101 万—500 万时提成为 4%，超过 500 万时提成为 5%。对于每超过 100 万多出来的部分，还额外加算一个提成点。然而，这些约定只是口头上敲定的，并没有在文件上记录下来。

到了月底，电商运营部的销售额完成了 540 万。但此时出现了一个问题，到底应该拿到多少提成呢？是全部按照 5% 计算，还是按照 500 万提成 4%，40 万提成 5% 的比例计算？

在这个情况下，人事部认为应该按照 500 万提成 4%，40 万提成 5% 的比例计算，而运营部则认为应该全部按照 5% 计算。总经理为了解决这个问题，做出了解释：销售额在 100 万以内时提成为 3%，在 101 万—500 万时提成为 4%，而剩下的 40 万则按照 5% 计算。

然而，这个销售提成的问题出现的根本原因在于，虽然提成制度已经在总经理和电商运营部之间口头上达成共识，但并没有在文件上记录下来。这就导致不同部门对于提成计算方式的理解存在分歧，很难达成一个共识，这使得问题的解决变得更加困难。因此，在实际操作中，非常有必要将提成制度以书面形式记录下来，并广泛沟通和协商，以确保提成计算的公正性和准确性。

具体来说，写出一个明确的提成制度文档，包括提成比例、提成计算方法、计算过程以及将该文档分发给与提成计算相关的每一个员工，如果需要进行修订则也要相应地更新文档内容并对员工进行通知。除了正式文件外，还需要做到各方面的交流和共识，让相关部门对提成制度有更全面的理解和认识。只有这样，才能保证销售提成的计算方式得到大家的认可，从而解决类似问题。

继续看 G 公司的年度计划实施。赵经理将公司经营计划中的核心工作分解成各部门的年度计划表，交给总经理讨论。总经理表示："我直接管理运营和供应链，这些岗位我会调整并发给你和他们确认。其他岗位，你需要与他们进行沟通和商议。"赵经理表示同意。

按照原定计划，表格应在周三提交，但出乎意料的是，全部在周二就已经提交完成了。当赵经理打开文件进行查看时，却发现表格写得非常简单，一个年度计划表只有一小部分的数据写得比较详细，其他过程事件和行动都没有列举。职能部门则只是在表格上写了每个月的数据，其余的内容都是重复的。

赵经理感慨肖总的话说得真实，在实际操作中，大家都不太喜欢将时间浪费在文字上面，而是逐渐趋向于对着模板直接复制，这也让年度计划表格变得简单而单调。晚上，赵经理下决心打电话向肖总请教。

赵经理询问肖总："真的如您所说，部门交上来的表格很简略，我甚至没有动力继续写这份计划，因为感觉写了和没有写是一样的。"

肖总回答道："呵呵，没事，都是这样过来的。你需要学习各个岗位的具体工作内容，如果之前对他们的岗位已经有了解，那你就需要一对一地辅导他们，引导他们将工作过程写出来，让他们学会提取思路。"

赵经理表示："好的。"

而肖总也提醒他："记住，宁可教100次，也不能你自己动手改一次。"

赵经理不解地问道："为什么？有些管理者不喜欢弄文案，想找我帮忙，不帮他们写，好像不太好。"

肖总如是回答："你对他们做出辅导，他们可能当下只是想要应付你，让你帮他们修改，之后当他们自己进行操作的时候，可能仅仅只是按照之前自己固定的思维，而不会按照表格中实际过程将工作进行下去，这样对他们的效果并不是很大。"

赵经理恍然大悟，说道："这样啊。"

肖总总结道："年度计划辅导各部门经理进行书写，这个过程可以让他们学会提前规划事情，并以细节规划事情，通过书写的方式进行管理自己的行为和行动，从而提高效率，达到管理提升的目的。"

赵经理叹了口气，说："原来是这个原因，就是理论指导实践。"

肖总点了点头，说："等你们公司做了今年和明年，他们整体参与了，又书写了，就会把自己的实践经验写进去，而且在经营会上会讨论与别的部门之间关联的事件。"

赵经理想了想，说："那就是实践总结成理论，这样可以看着他们成长进步。"

肖总微笑着说："是的，做人力资源的就是这样，会让自己感觉很有成就感，虽然很多企业的管理者真的进步了也不会说是人力资源的协助，中小企业管理还停留在读书有没有用阶段。"

赵经理感到有些委屈，说："肖总，你说得好实在，我做人力资源经理感觉好吃力，上级对我们了解不多，总是觉得是没有业绩的部门，是花钱的部门。"

肖总再度点了点头，肯定地说："是的，越是大企业越重视，所以你要继续努力，提升自己的学历和能力，不断积累经验，以后才能有更好的平台。越是往高走的职位，越是受人尊敬。"

赵经理听了肖总的话很受鼓舞，说："好的，我一定要好好努力，把企业做得越来越好，自己也能有好的案例。"

肖总笑着鼓励他："加油。"

赵经理也回应道："加油。"

赵经理辅导每位部门经理对其年度计划进行了两次修改，本想第三次就完美了，可一大早，总经理便召见了赵经理。

"小赵，最近你忙得如何了？年度计划的辅导情况怎么样？"总经理问道。

"我已经对其进行了两次修改，现在差不多了。"赵经理答道。

"把工厂老张的年度计划给我看看。"总经理说道。

赵经理便将张经理的年度计划通过手机发给了总经理，总经理则在电脑上打开了它。

"嘿嘿，这是老张写的呀，可真是详细，很不错啊！毕竟对于我们这样的人，尤其是工厂里的那些同事，他们本来读书能力就不强，能写成这样实属不易。今年是第一年就不要太严格，明年再严格点吧，毕竟他们还要同时进行日常工作，负担很重。"总经理说道。

"是的，这些都是部门经理自己写的，我的工作只是对其进行了两次修改，而其中张经理的提升空间最大，即使是第二次修改也有很大的进步。"赵经理回答道。

"这些理论的东西写成这样已经很好了。"总经理说道。

赵经理回答道："好的，我会将近期改过的第二遍整理一下，整理好后全部打包发给您，您可以保存。"

总经理接着问道:"那么股份分红怎么设定呢?以前我都只是口头告知,然后大家出于信任干了很多年,每年的业绩也没有少。"

赵经理询问:"总经理,您今年有什么新的思路吗?"

总经理回答:"你现在正在做年度计划,我感觉挺不错的。我们以前有分红,但只有业绩的一个衡量标准,有些部门一直无法培养人才,团队成员不稳定,还有一些很优秀的员工已经离职了,我已经跟这些部门的经理讲过这个问题,但他们并不高兴,觉得我在针对他们。"

赵经理说:"其实分红和利润是核心点,但是投入成本比较高,团队壮大很困难,影响资金的运转速度,也是间接的成本。分红应该依据整体评估给他们评分,然后根据得分在分红基数上乘以得分。如果分数高,还可以额外奖励,如果分数低,就按实际得分拿分红。"

总经理表示:"这样当然很好,就不会像去年那样只从一个角度来衡量,部门还是要多维度评估。"

赵经理说:"是的,必须从多个维度考虑,这样员工才能成长为复合型人才。我们接下来的年度考核可以帮助您解决这个问题。"

总经理说:"太好了,你把方案发给我看看。"

赵经理问道:"去年的业绩记录有表格吗?"

总经理回答:"没有,只是根据年度目标的完成情况核算完成率。"

赵经理说:"我会先提取每个部门的核心指标,并邀请每个部门参与讨论和修改。"

总经理问道:"我也要参加吗?"

赵经理回答:"您直接管理的部门必须参加讨论,您最了解他们。如果他们将可达成的指标调高权重,难达成的调低,那么考核就毫无意义。"

总经理说:"业务部门的指标比较简单,数据可以直接得到。不过,供应链、财务和人事这些部门的指标不太好掌控。"

赵经理说:"是的,难以掌控的指标才需要讨论。"

总经理表示:"好的,我会参加讨论。那么,定什么时间呢?"

赵经理建议:"今天是周三,那就定在周五下午吧?"

总经理说:"周五运营部有聚会,那就周六下午吧?时间较为充裕。"

赵经理答应道："好的。"

赵经理对于部门考核的实施非常熟悉，以前在电商公司的时候，公司也根据业绩进行过分红。在那家公司，年底双薪是考核基数之一，财务年终奖也是分红形式。因此，如何设置公司的考核制度是一个需要仔细思考的问题。赵经理决定问问总经理的想法，于是在线上与总经理进行沟通。总经理回复说，考核的具体数额将根据考核得分来确定。

（五）年度考核

对于年度考核，业绩部门管理相对成熟，没有出现严重失误，所以只需要考核三项指标：利润、学习成长和运营维度。在运营维度中，只需要考核年底计划表的完成率，如果公司对核心指标有要求，则将其加入考核。但是，指标数量最好不要超过5个。

在一家地产集团公司中，年度考核设置了10个指标，由于年度计划分解不够详细，每个部门都得到了很高的分数。然而，当面临实际问题时，每个部门都互相推卸责任，导致行为结果没有得到改进。指标设置过多会削弱考核结果的力度，因此，在任何类型的企业和阶段，都应该适当减少指标的数量，但也不宜过于单一。一个指标可以作为奖励部门已经达成目标的手段，但不能成为一年员工工作表现的完整评估。

当然，创业阶段实施这种考核也是适用的，但如果长期持续，则不应过度实施。下面我们来看看G公司赵经理如何进行年度考核：

运营王经理的管理已经相对成熟，团队成员相对稳定，而且团队中拥有许多人才；而运营李经理个人实力较为突出，但团队成员一直在更换，招聘岗位的薪酬水平较高。因此，赵经理针对这两位部门经理的年度考核指标进行了一些差别处理。

对于管理成熟的王经理，仅考核了两个指标，即利润和年度计划，其他维度则不考核。对于年度计划，团队制定了详细计划以避免考核的重复。对于李经理，考核指标包括利润、年度计划、学习成长（包括团队流失率和个人学习能力等维度）、存货周转天数以及费用控制。人事和财务部门各有5个指标，但由于指标不同，因此赵经理将考核表单提交给总经理审阅。总经理并不能理解为什么同一个职位需要不同的考核指标。他表示了反对意见，认为同一个职位应具有相同的考核指标，否则被考核者会感到不公平。

总经理表示："李经理和王经理都从事相同的岗位，底薪也相同，如果年度考核不同，他们分红基数就会一样，这样会让人感到不公平，李经理会觉得我在故意针对他。"

赵经理回应道："我们可以给王经理使用相同的考核表，对于存货周转和人员流失，我们可以认为这是送分题，因为王经理的管理经验成熟，团队稳定。我们可以从其他方面对其进行考核。"

总经理接着问："我们可以考核他开拓新平台的情况，这方面占比应该如何？另外，我们还可以考核他分享专业技能的情况，具体应该考核哪些指标？"

赵经理回答道："好的。在学习成长维度中增加分享每月次数占比5%，然后考虑新平台开拓方面占比应该是10%左右。"

接着，赵经理又问："财务和人事部门的年度考核和薪酬有哪些关联？"

总经理回答："年终奖是关键。我们会计算公司利润，然后按照规定比例发放年终奖。具体来说，70—80分双薪，81—90分加1.2倍系数，91—100分加1.5倍系数。不过，这些系数也要与业务指标联系起来。"

赵经理表示："好的，总经理。我会将这些考核内容记录在文件中。"

（六）各部门管理人员分工

G公司在各部门管理分工中遇到的困难主要涉及以下几个方面：

（1）岗位说明书与实际岗位存在较大差别：在提取每个岗位的绩效指标前，先需要修改岗位说明书以确保准确反映实际岗位。

（2）绩效考核工具的选择：与50人以内的企业不同，G公司需要根据企业诊断来选择适合的绩效考核工具，如单一KPI、KPI+KCI+KBI、滚动目标+KPI+KCI+KBI等工具，对于不同阶段的部门需要采用不同的考核方法。

（3）部门间绩效考核的协调：由于各部门的工作性质和目标的不同，每个部门内部同一人不同阶段的绩效考核也不同。因此，需要在部门负责人与人力资源经理的协调下，制定出彼此认可的绩效考核方案，达成共识。

（4）绩效考核结果的公正性和公平性：在执行绩效考核过程中，需要保证绩效考核结果的公正和公平，避免出现如"拉帮结派"等不正当行为的出现，毕竟公正公平的绩效考核是激励员工、推动企业发展的重要保障。

以上是 G 公司在各部门管理分工中遇到的一些困难，需要在实践中寻找更好的解决方案。

赵经理将年度考核规则整理好后写进每个部门的表格里，并让每个部门负责人打印出来，在年会上签署。为了让员工了解部门的具体要求和核心工作，赵经理需要把各部门负责人召集起来对具体要求和核心工作进行宣传，包括部门计划和考核内容。此外，奖惩机制也需要拿出来给员工看。当赵经理在会上告知各部门负责人时，大家都有不同意见。

李经理表示："这些内容不适合让员工知道。"

赵经理回应道："如果奖励内容涉及机密，可以删除，但必须让员工清楚了解部门一年的工作内容和重点事宜，这样才有方向。"

张经理则表示："这个没啥问题，反正我也想鼓励员工。只是对于岗位说明书的调整、部门内部的组织调整、有些员工不会使用电脑而需要写纸质文件这些问题，还需要赵经理的帮助。"

赵经理答道："张经理，对于写纸质文件，你可以让员工提交后由人事专员小元审核通过。至于组织架构调整，我们可以约个时间在会议中沟通。"

李经理也提出："我们部门的一些人员分工需要调整，需要赵经理的协助。"

赵经理回应说："好的，会后我们确定时间。"

两周后，赵经理协助各部门对部门内部进行了调整，并修改了相关的岗位说明书。各部门还对部门年度计划和年度考核进行了宣传。运营部王经理承诺，如果目标达成，他的分红中将有 20% 拿来作为团队奖励。这提高了下级对上级的信任感，同时也大大提升了团队的士气。

年度计划完成后，有些部门内部的人员工作职责会有些调整，传统企业变动不大，电商和贸易类各岗位每年都会有些微微的调整。如果各部门内部不做调整，各部门年度计划后直接把岗位说明书梳理后做绩效提取。

（七）绩效提取

在绩效提取方面存在一个根深蒂固的误解，很多公司都认为这是人力资源部门的任务，与其他部门无关。他们认为人力资源应该把这个工作做好后，再交给各个部门去执行。这种想法是错误的，实际上离绩效最近的人最应该有发言权。直属领导需要与岗位代表和员工本人确认绩效提取内容，这不是人力资源做好工作后让各个部门实施的事情，也不是各个部门负责人做好后让员工去实施。实质上，人力资源部门必须参与到提取绩效指标的整个过程当中，与直属领导和岗位本人或者岗位代表密切合作。

目前，许多中小型企业都雇用了非常出色的人力资源经理或总经理助理，他们可以为部门的绩效指标实施提供协助，做得相对比较好。但是，越是高级别的管理层，问题就越多。特别是总经理或企业家在面对下属绩效考核时，往往无法跟上整个公司的步伐。以下为G公司的实际情况分析：

周一早会后，总经理找来赵经理谈话。

总经理说："我们做部门调整后，完成了部门宣传，各部门的工作氛围还没有改变，感谢你的付出和努力。现在下一步安排是什么？是否还需要进行绩效提取呢？"

赵经理回答："这个周四在会议室里开始提取岗位绩效，我已经为每个部门准备好了时间表和参与人员名单。人员按照时间进入会议室，在一起的同一部门会同时进行绩效提取，例如两个运营部门。"

总经理问道："马上要放假了，你们能否在年底前完成这项任务呢？"

赵经理回答："可以的，我会加快执行的进度。"

总经理说："我不会参与，你做完后请和他们商量后再送给我审核。"

赵经理回答："好的。"

几天后，赵经理针对各部门的绩效表格事宜与各部门经理沟通确认后，发给了总经理进行审核。各部门的绩效考核表格在会议上进行了商议，最终版本也由赵经理发给了各部门负责人，相关工作基本完成。总经理对各部门经理月度绩效考核表的审核也在春节前完成了。赵经理终于能轻松片刻了，刚好赶上回家过年的时候。

（八）月度绩效实施过程

绩效实施是一个长期的过程，有些企业进行季度考核，有些进行半年度考核，而有些国有企业或者特殊工作内容的公司需要进行年度考核。然而，最好的实践是将绩效考核常态化，以月度考核为主，因为季度考核对企业推动力度较小。如果某些指标无法按月核算，也可以将其拆分为多个部分，例如进行工程考核时，很多任务是连续的，可以将其根据工作进展或者节点计划进行分阶段考核。在月度绩效实施过程中，会面临很多问题，下面进入实际案例分析。

在G公司实际考核过程中，他们发现有一些员工对绩效考核指标的认识较模糊。此外，由于并没有明确的绩效目标和标准，很多员工在日常工作中缺乏明确的方向和指导，不知道如何制定个人的KPI（关键绩效指标）。这些问题最终导致了对员工绩效评估的困难和不准确。

再来看另一个问题，G公司的某些员工在考核过程中通过简单提出某些问题，就减少了自己考核表上的负面评价。这种做法会影响到考核结果的准确性和公正性，该公司需要通过完善考核流程，加强考核评估的标准和流程来解决这些问题。例如，在考核过程中，可以安排各部门的领导和人力资源部门进行评估，考核表的分数应该由多个人员进行审核，而不是由单一的人员进行评分。这样可以确保绩效考核结果的公正性和准确性。

绩效实施是一个需要不断完善的过程。企业要根据自身的特点和情况，灵活地进行绩效考核方案的调整和改进，以确保绩效考核结果的准确性和实用性。

在年后的2月，赵经理拿出之前提取的绩效考核表，将其全部拆分为一岗一表，并发给各部门，准备在2月底开始实施。具体来说，2月第一周进行绩效考核，而第二周则开始讨论3月的绩效计划和目标。但是，在2月底，各部门还存在着一些问题，特别是张经理和李经理的部门。

张经理提出了一个关于线上员工考核的问题。由于这些员工的工作性质特殊，难以按照传统的绩效考核方式进行评估。张经理认为，这些员工可以遵守公司制度，同时在加班方面进行核算，而不考虑其行为管理的绩效工资的拆分问题。而在之前的计件核算中，由于缺货，曾经产生过很多争议。赵经理认为计件仍然可行，但如果没有缺货的情况下，可以按照加班费的标准进行核算。然而，张经理认为当前缺货的情况还将持续很长时间，因此建议暂时按照加班费的标准进行核算，之后可以再根据具体情况进行调整。

张经理又表示，除了一线生产员工外，仓库、生产主管和文员都不需要调整，绩效计算方式仍按照之前的修改进行。对于底薪加班薪酬的计件方式，他表示在去年12月并未得到实施。

赵经理表示同意，并提醒张经理如果还需要对绩效考核进行调整或有需要与总经理沟通汇报时，请随时联系他。

随后，李经理也找到赵经理谈话，并表达了员工对绩效考核的抵触情绪。他认为，员工更关心公司是否做实事，而不是虚头巴脑的绩效考核，同时也希望公司能够更加关注业绩方面的表现。

赵经理看了一眼李经理，发现他被员工的思维牵着走了，没有主导员工的思维。赵经理开口说道："李经理，你跟你的员工们平时相处得怎么样？你认为他们的自我管理行为良好吗？你给他们的工作任务都能够按照要求执行吗？最终的实施效果如何？"

李经理顿时感到有些迟疑，他回答道："还好吧，我比较尊重员工的主动权，不会干涉他们具体的工作细节。"

赵经理心里明白，李经理对自己手下的员工表现其实并不是非常清楚。

赵经理接着说道："那么请问，×××这位员工平时都负责一些什么岗位任务？是从事业绩型岗位还是支持型岗位的工作？"

李经理回答道："他负责的是支持型岗位，平时比较投入，有什么团队问题都会第一时间反馈给我。"

赵经理指出："实际上，团队问题需要你自己与核心领导沟通、反馈与衔接，而不是听某个员工的反馈。员工提出这样的问题，归根结底是他对绩效考核的不了解与排斥，认为绩效考核是在评估他个人的工作表现，这是一种应激反应。"

李经理表示："我认为他说的还是有一些道理的。"

赵经理继续解释道："如果一个企业的员工，没有明确的衡量标准，不知道自己具体的工作任务是什么，很多人做业绩可能完成90%，但是没有绩效，而完成80%的人如果做了绩效却能够完成100%，这样整个团队的整体表现反而会更上一层楼。再者，有些职能岗位，可能自己的工作任务都不太做，却喜欢观察别的员工，但是这些员工却受到领导的青睐。你不觉得这种行为是不对的吗？李经理，你可以回去找你的员工，问问他们平时的工作表现如何。我们再进行进一步的沟通。"

李经理听完后，感到有些羞愧，他承认："是的，我也觉得绩效考核浪费时间，而且每个月的业绩压力也很大，作为一名管理人员，我对此也感到困惑。"

最终，赵经理和李经理商量，应该制定一个公平、合理的绩效考核体系，为员工提供明确的工作任务，让他们知道自己的工作进展如何被衡量评估，并在培养员工自我管理能力的同时，促进整个团队的进步。

赵经理进入总经理的办公室，总经理严肃地问道："李经理的绩效与王经理的绩效为什么不一样？谁叫你改的？2月份我这边没有时间看他们的绩效，反正大家在试运行，我也没有过问。现在要谈2月的绩效考核打分和3月绩效计划（目标）我才发现。"

赵经理沉着应对，他首先向总经理表达了自己的歉意和愧疚之情，然后解释说，在他修改绩效制度之前，曾与其他经理交流过，以确保绩效制度的合理性和公正性。此外，在绩效考核和制定计划的过程中，他一直尽力让每个员工都有明确、具体的任务和衡量标准。但是由于员工的自我管理能力不同，可能会导致绩效表现有所不同。

赵经理提到，为了推进绩效管理工作，管理层安排了3次绩效培训与分享会，赵经理自己编写了2次绩效管理课件，并为自己的部门员工提供了绩效管理方面的培训。同时，赵经理还对之前商议过的绩效制度进行了修改和提交。直到3月初的时候，绩效管理开始变得比较顺畅。

随后，总经理要求对李经理的绩效指标进行更改。李经理的月度绩效，团队管理考核指标30%并入到业绩指标当中，60%是利润，30%是成本，10%是行为考核。李经理的周会管理、团队辅导、团队绩效面谈和团队培训分享均被删除。然而，两个月后，李经理团队的客服主管全部离职。当售后客服小刘离职并与赵经理交流时，小刘表示，他离职是因为工作没有意义，要做的事情太多且太累，但绩效目标和奖励并没有相应提高，上级的重视程度反而与工作负荷成反比。

赵经理找到李经理，想了解他的工作情况。赵经理发现李经理的能力较强，因此他的绩效目标比其他员工更高。但李经理并没有为员工做绩效辅导、面谈或者培训分享，也不参加周会，因为他觉得自己需要把时间用于实现业绩目标。

事实上，李经理自己定了员工的绩效目标并强行推行。

赵经理向总经理反馈了这一情况，指出如果李经理继续这样做，他只能担任高级运营专员的角色，而不能胜任运营经理的职位。总经理同意了赵经理的看法，并按照赵经理的绩效考核要求，给了李经理6个月的时间改善自己的管理方式。公司愿意为李经理提供培训和支持，如果李经理能够有所进步，公司也会相应给予奖励和提升机会。然而，如果在这6个月内，李经理没有展现出进步和改变，公司就会开始招聘新的经理，并将李经理调整为主管的职位。

在绩效管理的过程中，管理者们可能会面临各种问题。为了确保绩效管理的有效实施，管理者首先需要学习并严格按照绩效管理的四个步骤实施。不管企业在绩效管理过程中遇到什么问题，千万不要半途而废，也不要听取员工建议不做绩效管理。这是因为，无论企业发展的规模如何，绩效管理都是必不可少的一环。如果不进行绩效管理，那么后期企业所面临的问题和困难只会更加严重。企业要实现持续发展，就必须建立评价体系。如果没有评价体系，企业的问题就会更多。因此，建立评价体系是企业进行绩效管理的重要步骤，也是确保企业可持续发展的必要方式。

四、100—200人的企业绩效管理如何实施

这个阶段的绩效管理与50—100人企业的做法是相同的，唯一的区别是在50—100人企业中，从诊断到实施整体8个步骤需要3—4个月的时间来完成，这个阶段被称为导入阶段。对于100—200人企业，需要进一步进行第二阶段的绩效管理，在这一阶段中，需要进行体系搭建和人才培养。主要包括薪酬体系、兼职内训师体系（如果经费够用，可以建立全职内训师＋兼职内训师体系），以及人力资源6个板块的管理都需要完善。很多企业在这个阶段会使用管理软件。

实际上，对于某些软件来说，尽管企业购买了昂贵的软件，但并不会得到预期的效果。例如，I公司是一家服务类企业，他们花费大量的人力物力去开发定制OA，但是上线不久后发现有很多免费的办公社交软件，它们的功能甚至比企业购买的软件更好。此外，在软件上线前，他们并没有梳理好管理流程，并且人员流失比较严重，导致员工根本不看平台发布的消息。因此，I公司所

花费的成本只有请假管理板块得到了应用，而其他的功能则几乎没用上。

J公司是一家有着186名员工的科技类工贸一体企业，年营业额2亿—3亿。2019年，公司想要数字化，便一口气购买了三款软件，分别为财务软件、进销存软件以及CRM软件。然而，这三款软件都不兼容，且都不是知名品牌，而是由小公司定制开发的。虽然财务和营销软件都已经上线，但数据都是人工输入的，因此效率特别低，内部消耗也非常严重。尽管ERP软件一直拖延到了2022年都没有上线，但这不是由于内部流程问题所致，而是由于公司采用了来自不同厂家的软件。如果再上线ERP软件，员工需要一次工作重复做三遍，加上流程不完善，在尝试上线时，仓库主管就主动离职了。最终，公司选择了彻底放弃ERP软件。

数字化的前提是流程梳理。很多企业会先上系统，然后再去改进流程和调整系统，但这样做会耗费大量人力、物力和财力，而效果只能达到基础运用水平。实际上，对于软件的技术人员来说，他们非常希望企业在上系统前先把流程梳理好，这样就不会出现技术人员在企业驻场的时候，一整天都没有导入任何流程的情况。因此，企业在数字化前应该先做管理咨询，将流程梳理好，这样数字化系统才能够顺畅运行。然而，很多企业都认为只需要购买系统就能够将不顺畅的流程变得顺畅起来。但是，如果一家企业的体量为1亿—2亿，而人事部门只有行政经理和两个工厂文员，那么各部门的流程就需要由部门负责人来梳理。如果某些部门负责人的管理能力较强，那么流程就会很顺畅，制度体系也会很完整。但是，如果某些部门负责人的管理能力较弱，那么流程就会混乱，职责也会不清晰。在这种情况下，企业需要先把流程梳理好，或者考虑聘请外部顾问来协助梳理流程，然后再上系统。很多集团公司都会聘请外部顾问公司，在服务阶段引入系统，这样在修改流程时就会更加迅速。

（一）绩效导入阶段

在这个阶段，如果企业没有绩效管理，也会按照50—100人八步骤导入绩效管理。对于超过100人的工贸一体企业或者纯工厂性质的企业来说，如果还没有做绩效管理，那就很少见了，除非是刚刚起步并有融资支持的企业，或者所有岗位都是统一的、整体公司只有3—4个岗位的纯贸易企业，比如一家卖狗粮和猫粮的电商公司,全部员工都是线上营销客服、部门主管或前台行政等,只有招聘、社保公积金和行政类事务、团队活动负责人两个岗位。由于岗位比较少,管理比较简单,对于绩效管理的要求不高,可以阶段性地进行绩效考核,但是不能长期如此,仍需要通过绩效管理实操来沉淀人才。当一家企业的岗位数量特别少的情况下,绩效管理只对企业阶段性发展产生影响,并不是必需的。如果企业岗位数量比较多,或者工种比较繁多,如果只是进行绩效考核,则会对企业发展产生很大的制约作用。对于100—200人的企业,如果之前没有绩效管理,或者之前的绩效管理不够匹配,那么就需要根据50—100人绩效管理的整体八个步骤来实施,从企业的诊断开始,再到战略目标的重新梳理,最后到企业的年度计划、部门年度计划、年度考核以及月度绩效和实施过程的调整等方面。这是第一阶段,对于公司与人力资源在对接工作时可能会出现误区或磨合不好,导致人力资源经理的离职率较高。

来看J公司的案例,J公司是一家工贸一体3C类目的企业。

J公司的新任人力资源经理李经理在入职不久时,发现公司缺少经营计划和各部门年度考核以及年度计划等基础建设。此时总经理直接要求李经理做绩效,以此来考查其专业能力。虽然公司的目标和一些数据资料都已提供给了李经理,但由于公司缺少有效的战略和经营计划讨论,李经理只好先对各部门负责人进行访谈以获取更多信息。然而总经理告诉李经理,今年公司已经来了5个人力资源经理且都访谈过,因此不建议再次进行访谈。

在J公司,原有的人力资源主管是公司老员工,也是股东的好朋友。尽管她不具备人力资源专业背景,也没有大学学历,但由于她是公司的老员工,因此一直做一些基础行政工作。为此,公司决定招聘人力资源部经理。由于公司很多老员工是企业家的亲戚,之前来的人力资源经理都没有经验和人脉基础,因此公司的人力资源基础建设一直处于薄弱状态。考虑到这个情况,李经理与总经理助理陈总助进行了沟通。

李经理有些担心,向陈总助咨询:"陈总助,我这边没有参与之前目标制定的过程,也不清楚公司面临哪些实际问题,我要如何才能有效制定绩效计划呢?"

陈总助回应:"制定绩效计划就是提取职位说明书,设定KPI,再对员工进行培训和实施就行了。"

然而，李经理觉得这样太简单。他说："陈总助，你总是开笑话。如果绩效真的这么容易做好，又怎么会有那么多企业在绩效管理方面存在问题呢？"

陈总助补充道："我不是开玩笑，我的理解也许不是很专业，但我听说其他经理都是这么做的。只是，有些企业的流程中断了。"

李经理认为这恰恰是问题所在："陈总助，你刚刚说的是正确的。很多企业在绩效管理流程中只是从中间部分入手，这是问题所在。我不认为人力资源不愿意从上到下做好绩效管理，问题主要还在于企业家对于绩效管理、战略规划和组织设计的了解不足。很多时候，企业的诊断和口述都存在误区，有些问题是实际存在的，但有些则纯粹是企业家的主观臆断。"

陈总助补充道："前几天，我们特意参加了深圳最大的咨询公司的总裁班，他们的老师都是大咖，曾担任上市企业的人力资源总监。其中，统计数据显示，超过90%的企业绩效管理都存在实施问题，所以刘总认为分解绩效没有用。"

李经理则指出："这些讲课的老师大部分都是来自大企业的高管，他们从未经历中小型企业的实际运作，所以他们所提供的数据和知识点往往只适用于一部分企业。"

陈总助表示："也对啊。听了那么多，照搬却很难在企业实际中得到应用。"

李经理说道："老师讲的阶段我们企业还没有达到。"

陈总助回答："培训还是提高思维，公司还是要具体问题具体分析。"

李经理继续问道："是的，我们今年经营计划做了吗？"

陈总助回答："没有，只是大家开了个会确定了目标，生产跟着销售订单走，生产总监这边的绩效管理你可以直接找他要一下，他对下面经理和拉长，还有PMC、IQC、FQC、仓库等岗位都设有绩效考核的。"

李经理接着问道："企业还是需要诊断，管理者还是需要测评。陈总助，你觉得我应该怎么做会好些？"

陈总助建议："你先动起来，我把公司制定的目标和其他资料发给你，测评我觉得可以做，我和刘总沟通一下，访谈就别做了。"

李经理表示感激："真的谢谢你，那你先帮我沟通，并告诉刘总，他这边需要深度沟通一下，需要学习一下公司具体情况，也需要对刘总进行人才测评。"

陈总助答应道："我这边知道的，你先和我沟通，我不知道的，你再去与总经理沟通。"

李经理表示感谢："好的，谢谢你。"

李经理希望通过测评了解管理者的实际管理水平，以衡量具体使用什么考核工具。他要通过管理者的实际情况、企业组织架构、规则制度、内部体系和流程来诊断管理合理性。李经理从陈总助那里了解到，公司各部门存在很多问题，外贸传统业务已经开始萎缩，国内电商还没有做起来。负责生产的总监请的是之前乙方顾问公司的顾问。目前各部门都有核心负责人，只有办公室进行绩效考核，生产线员工没有进行考核，都按计件核算。公司每年年初先确定方向，然后确定每个团队需要实现的营业额和利润率。每个部门下面的考核方式各有不同，都是由各部门负责人自己定的。

经过测评，李经理了解到公司的管理层存在以下问题：

（1）高层管理：整体表现较为扎实，两位副总是能力较强的人才。

（2）中层管理：能力参差不齐，能力集中在核心业务板块，团队管理以副总为主。

（3）基层管理：管理能力较强。

此外，不同级别的人才反馈出的问题主要包括：

（1）组织架构不清晰，各部门权责重复管理，如总经理助理与副总。

（2）公司高层管理决策进程过于缓慢，反复。

（3）公司很少召开管理会议，很多工作都已经实施很久，高层管理才开始反应过来，要按他的意思重新开始，这样很内耗。

基于以上情况，李经理认为还需要对各部门职责进行进一步的划分，目前的组织架构扁平化，对企业的发展没有很大的促进作用。尽管目前公司业务发展仍然相对良好，但组织架构与管理层之间的匹配程度还需进一步提高。

因此，李经理计划与刘总沟通，将测评结果和管理层反馈的问题汇报给刘总，进一步探讨管理层和组织架构的优化方案，以更好地促进企业的发展。如图6-1所示。

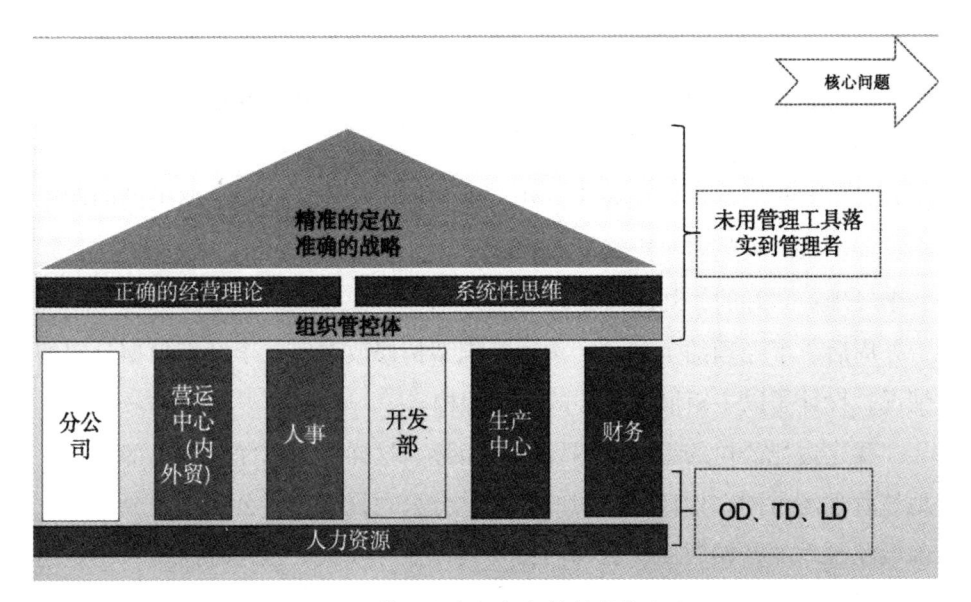

图 6-1　管理层和组织架构的优化方案

李经理和刘总的对话如下：

李经理："我这边做了测评，发现公司的定位和战略都比较精准，但并没有落实到各部门的管理层上，所以经理层比较薄弱。之前人力资源没有在组织发展、学习发展和岗位发展方面做好，导致这块比较空缺。"

刘总："是的，我想通过绩效管理来把公司的方向落实到管理层身上，让他们去实操。"

李经理："我刚来公司不久，对于公司的具体管理还需要向您多了解情况。"

刘总："你反馈的情况确实是公司现在存在的问题。我觉得公司的组织架构需要调整了。已经4年没有调整了，目前部门之间的权利与义务有些重叠。"

李经理："好的，刘总，您有什么更好的调整方法吗？"

刘总："我想让优秀的人可以通过自己的努力成为公司的合伙人。同时，我也想把公司做成集团公司，成立几家分公司，分别负责同类型不同层次的客户。比如，高端客户、中端客户、低端客户等，同一类产品在这个领域深入发展。"

李经理："我理解您的意思，刘总。今年的各项目的目标陈总助已经给我了。我想了解这些项目的具体情况。"

刘总很详细地把各部门的负责人情况、团队情况、项目情况，包括前景和自己的期望都与李经理很详细地沟通了一次。

李经理："刘总，我理解您的意思。我会回去思考后设计一个比较适合目前企业情况，也能结合您对公司的期望的组织架构。然后我们和陈总助、高层一起谈论修改。"

刘总："我们俩可以先修改，然后再和他们探讨。有些战略上的问题不是人多就能决策。人越多，决策反而越慢。"

李经理："好的，刘总。"

一周后，李经理约了刘总，沟通组织架构修改事宜。李经理根据公司的具体情况，设计了以主矩形为核心的组织架构。

"我这边把公司的组织架构设计成矩形，这样以目前深圳为总部，无论是跨地域管理还是同一地域分公司的管理，分公司设置全子公司还是分公司，先从前端还是后端开始裂变，看我们公司具体业务模式。是先分前端，还是先分后端？"李经理解释道。

"分前端，因为平台化的营销适合先分前端。"刘总回应道。

"那么分公司要怎么实施？"李经理继续问道。

"分公司内外贸都要启动，就先设在广州。"刘总给出了答案。

"分公司总经理是内部竞聘还是外部选拔？"李经理又问道。

"优先内部竞聘，如果内部没有合适的人才再从外部招聘。"刘总给出了人事方面的原则。

"内部竞聘，核心要求是什么？"李经理又细化了问题。

"能搭建团队，对我们的内外贸易都非常了解，而且对后端产品整体流程熟悉。"刘总再次明确了要求。

"那我依据您的要求，先在内部发布内部招聘书、竞聘流程和竞聘考核表。"李经理开始着手实施。

"好的。"刘总赞同了。

"刘总，我觉得以深圳总部为托底业务，支撑分公司发展，用绩效管理的工具自上而下管理企业，用培训从下而上承接企业的管理。"李经理还提出了管理的思路。

"好的，你回头把组织架构修改好发给我，之后找大家沟通。"刘总同意了提议。

第六章 不同规模企业绩效管理的实施

"好的。"李经理答应道。

组织架构和高层沟通过后,所有人都很支持。两位副总也一致认为这是公司发展的趋势。竞聘结束后,负责前端的副总胜出,陈总助理也成了副总,这让公司的管理者看到了希望。刘总希望通过绩效考核来评估经理层的表现,如果能力不足的话需要进行降职处理,让主管逐步晋升。刘总也看到了一些非常优秀的主管,这也是他推动绩效考核的原因。目前,有些经理没有接受过考核,也没有相应的制度规定,不知道做得好不好,也不知道达到什么标准算好。前端业务部门的表现比较好评价,但后端业务落后,已经影响到了公司的发展。

李经理通过调整组织架构,明确了各部门的权力和责任,并通过PPT向大家宣传了内部职业晋升通道。他还协助各部门制定了年度计划,并完成了年度考核。在原有的基础上,他完善了岗位说明书,加入了每个岗位的职业晋升图,并详细列出了招聘所需的岗位要求以及其他内容(表6-1)。

表6-1 招聘所需的岗位要求以及其他内容

采购主管-岗位职责			
一、基本信息			
岗位名称	采购主管	岗位编号	1	组织关系
所属部门	供应链	直接上级	采购经理	
岗位级别		直接下级	采购专员	
二、岗位设置目的			
1. 组织采购,完成日常采购工作,按时按需按质采购物料。 2. 建立完善稳定的采购体系,包括:优质的供应商开发和维护及长远合作;品质、生产和交付的监管;协调和配合外部门。			
三、岗位工作关系			
内部工作关系: 生产部、仓储部、财务部	供应链负责人 ↓ 采购主管		外部工作关系: 供应商

续　表

采购主管－岗位职责	
四、岗位职责	
工作模块	岗位职责
供应商管理	供应商库管理：对收集的供应商资料信息进行管理，并建立备选供应商库。
	供应商产品出厂检验标准、产品参数、工厂资质、认证报告的收集保存管理。
	供应商合作协议拟定、优化账期、售后、品质等商务谈判。
	供应商评审：多维度评估供应商，并根据产品的供给情况划分出供应商等级。
	供应商开发：每月开发8家供应商。
采购订单执行管理	梳理制定跟单组采购的流程、管理办法及采购订单模板。
	按照上级或财务部要求收集、整理与统计各种采购单据与报表。
	按周/按月通报交期进度，分析未完成原因，把控全量订单的整体进度。
	及时跟进供应商的请款及财务对账工作，确保整体流程能及时进行。
	负责收集采购人员对供应商订单执行的评价（交期、服务），并及时提出优化需求。
	帮助跟单人员处理订单环节中出现的异常问题。
	协助公司软件技术人员把数据录入系统，协助采购经理参与调整采购流程，提出宝贵建议。
培训与考核	针对员工进行培训：一是培训新员工采购跟单的基础流程与业务；二是培训新员工掌握采购原则、异常问题处理方法、内外部沟通方法等。
	按月对跟单的同事进行绩效考评，并及时收集跟单组日/周/月总结与计划，帮助其确定工作目标。
	按月评估跟单组的订单完成情况，按照绩效规则核定跟单人员的激励情况，并提交采购经理。

续表

采购主管－岗位职责	
团队管理工作	拟定采购部门的工作流程制度，梳理岗位职责及人员分工。
	督导采购部门按月绩效考评，并及时收集大家的日/周/月总结与计划，帮助团队确定工作目标。
	定期组织员工进行采购业务知识的学习，精通采购业务和技巧。

五、岗位工作权限

1. 采购部内部相关管理制度监督执行权；
2. 采购部相关管理制度、流程修改建议权；
3. 采购部人事聘用、调职、调岗、调薪建议权；
4. 采购部下属部门人员奖惩、任免建议，考核评价内部激励机制建议权。

六、本岗位职务晋升阶梯图

采购主管 → 采购经理 → 供应链负责人

七、可调动或调整的岗位

生产中心及供应链相关岗位

八、关键绩效指标

1. 物料采购货期准确率，一次性质量合格率，入仓数据准确；
2. 部门制度的完善情况，包括：流程的完善、执行标准的完善、公司使用工具的完善；
3. 部门人员奖惩、任免建议，考核评价内部激励机制建议权；
4. 供应商开发数量。

九、任职资格

续 表

采购主管-岗位职责

基本要求	性别	男女不限	年龄	不限，健康无隐疾
	语言要求	□专八 □专四 □CET-6 □CET-4 ■其他（ ）	学历	大专及以上学历
	资格证书	无		
	经验	1.有3年及以上外贸相关采购工作经验，或有丰富的采购管理经验； 2.受过采购管理培训。		
知识能力素养	办公软件	熟练使用办公软件，熟悉ERP系统最好。		
	能力要求	1.熟悉（与产品有关）物料行情，并有主动的学习能力； 2.具有良好的分析能力、数据处理能力，严谨的逻辑思维能力； 3.语言表达能力强，善于沟通，能较好地管理自己的情绪，具备商务谈判能力、平衡能力。		
	素质要求	1.具有良好的从业品德，正直、廉洁自律并遵守公司规章制度； 2.具有敬业、拼搏精神，具有较好的团队合作精神； 3.具有严谨的行为规范，能够坚持采购原则，能够承受高强度的工作压力。		

十、工作地点与环境

工作地点	■办公室 □仓库 □办公室&仓库 □70%出差 □50%出差
工作时间	■正常上班时间 （标准工作时间制/责任工作时间制） □轮班制

审核：	编制：	编制时间：

本人谨遵本岗位说明书规定的相应岗位职责，忠实履行采购主管职务，按时按质按量地完成本岗位说明书的职责工作和公司的目标要求。

任职承诺人签字：	直属上级签字：	人力资源负责人签字：
日期：	日期：	日期：

李经理利用绩效管理手段,通过将公司战略与部门权责、岗位说明书相结合,使每个岗位都各司其职,借助绩效管理工具统一思想和目标,避免出现多个独立的部门,如图6-2所示。公司的生产管理一直采用KPI来进行管理,对于办公室人员以及职能管理岗位,则采用了KPI+KBI(KBI的比例不能超过10%)的方式。行为指标KBI主要是要提高后端人员的责任心和积极性。绩效管理已经完成了梳理工作,并开始试运行,如下图6-2所示。

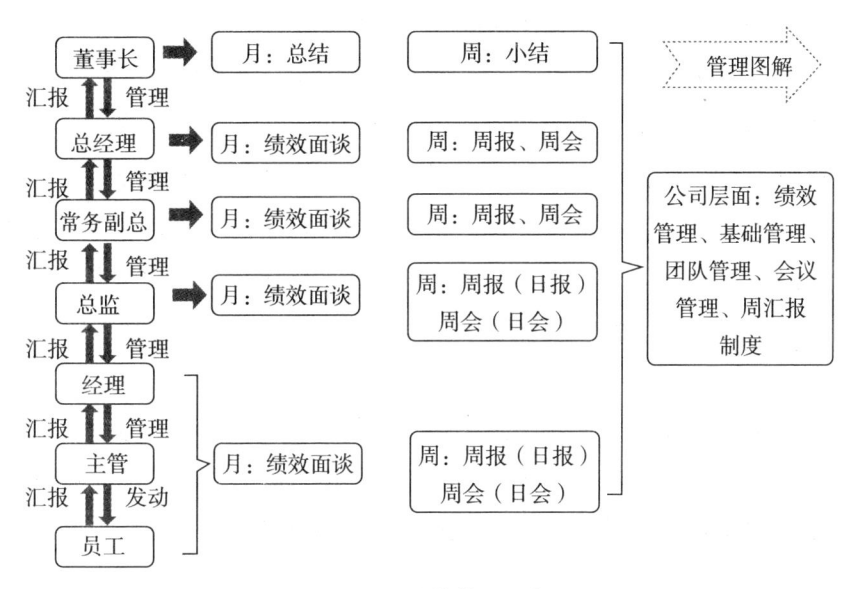

图 6-2 完善管理手段

(二)体系搭建,流程梳理

绩效管理已经完成梳理,并开始实施薪酬体系和绩效制度的搭建工作。在建立薪酬体系、加薪制度和职级方面,需要查看过去的加薪情况。如果企业在两到三年内没有给员工加过薪酬,那么就可以重新调整薪酬体系,制定加薪制度和职级。人才测评的岗位测评可以与宽带薪酬得分对应,确定岗位等级。人才测评可以应用于培训、晋升和人才选拔等方面。在建立体系时,先建立公司层面的体系,包括薪酬、绩效、培训、晋升、激励、预算、规划、计划和文化建设等。其次是部门的体系,包括部门岗位操作指引、部门培养体系、部门激励体系、部门文化建设和部门流程。当公司整体的管理手段得到完善时,绩效管理和现场管理也需要结合起来实施具体的行动。

绩效管理可以推动员工的主观能动性，从而间接促进企业的发展。

（三）干部培训，内训师体系建立

在这一阶段，特别强调干部培养和内训师体系的建设。建议人力资源部招聘全职负责培训的岗位，或者建立兼职内训师体系，推动人才培养和积累，为企业未来的发展奠定基础。当然，有些企业如果有资金，也可以全部从外部招聘人才。在这一阶段，夯实管理基础、快速裂变是非常重要的任务。为了进行干部培养，需要开展进阶类培训，对不同层级的干部进行培养。基础管理老师傅主管储备层、中层管理经理层、高层管理总监/副总进阶培训是该阶段的主要任务。对于不同水平的人员，培训方式也不同，需要定制化，此处不加以赘述。管理层进阶培训主要关注岗位技能、职业素养和职业心理健康等。该过程首先进行理论教育，统一认知，然后进行技能通关，再学习管理工具的使用。完成整个培训需要2—3个月，通过实操总结，2—3个月后基本能够达到成熟管理者的水平。

在理论板块，采用成人喜欢的方式，即参与互动、有责任感、碎片化的持续性学习。通过轮流主持、轮流管理、轮流记录会议纪要的形式，每周进行两次会议，会议时间为1.5小时，从下班前20分钟开始。具体执行流程如下：

1. 会前

（1）会议主持者要在开会前一天，在管理群里发送会前通知。会前通知包括会议主题、时间、参会人员、主持者和记录者等内容。

（2）主持者要提前做好准备，把握好整个会议的内容，同时管理好会议记录者。

（3）会议过程中，不允许长时间接电话并影响会议进行（接电话超过5分钟罚款100元）。

2. 会议通知

（1）会议主题；

（2）会议时间；

（3）参会人员；

（4）主持者；

（5）记录者。

3. 会中把控

（1）把握好全局；

（2）主持者要让气氛热烈起来；

（3）控制好讨论的内容；

（4）制止争吵的情况。

4. 会后会议总结

（1）会议主题、主持者、记录者；

（2）每个人的观点；

（3）记录者总结；

（4）记录下重要的总结（包括员工发言的内容等）；

（5）提出下次主持、记录、时间、地点等安排；

（6）制定实施安排计划，提议，并落实到位；

（7）记录者需要在当天 23 点前将会议记录发送到群里。

（8）主持者自己也应该进行总结。

5. 参加人员

（1）经理班：总监、总经理、项目经理、财务主管。

（2）主管班：储备干部、运营、生产主管、设计主管、人事主管。如果储备班人数较少，储备班的人将全部加入主管班。

（3）储备班：老师傅、老员工、核心骨干。

6. 会议时间安排

（1）自由发言阶段：根据主题，每人可以提前准备，发表不超过 3 分钟的观点。

（2）讨论阶段：一起讨论哪些观点对自己触动较大，该如何运用，学习到了谁的经验，或者针对别人的观点想发表言论，讨论时间为 15—25 分钟。

（3）总结阶段：每人总结的时间为 1 分钟。

对于 100—200 人规模的企业，人力资源部门可以配备专门负责培训员工的人员。他们可以组织和管理培训，并实施培训。此外，这些人员还可以兼职其他人力资源管理工作。

五、200—500人的企业绩效管理

第一阶段：如果企业没有制定绩效，那么在50—100人的规模内逐步引入绩效管理。使用绩效工具要视企业发展阶段和管理水平而定，以KPI为主针对管理成熟的企业，以组合、OKR或PPI为主针对发展不成熟的企业，当然这也要考虑具体的行业。

第二阶段：需要建立100—200人规模的体系和流程梳理。这个阶段的流程会随着企业的发展和管理水平的提高而不断调整。完善的公司体系和部门内部体系是企业抗风险能力的基础。许多企业在外部环境较好和资本的帮助下能够快速发展，但却无法经受任何风险。有些软件公司在外部竞争的压力下也无法持续下去，其实是因为每个阶段的基础没有夯实。每个阶段的管理都有侧重点，都需要扎实打牢。如果没有夯实管理基础，在企业人数达到200—500人规模时可以重新建立，但是很多企业最高管理者不愿意花费人力、物力成本将管理整理好。因此，企业的抗风险能力会变得很弱。

第三阶段：干部培训、内训师体系建立、人力资源招聘全职内训师和公司管理体系搭建是这个阶段的重点。200—500人规模的企业，除了内部的进阶培训，还要每年进行一些创新性的外部培训。有些企业会拨出利润的2%用于培训。有些企业会成立培训部，招聘培训经理和专员，还会在人力资源部门建立专门的干部管理岗位、工会组织和党委办公室等。对于纯加工制造业企业的管理不需要那么细致，因为普工占比较大，管理需要具体问题具体分析。

第四阶段：需要做数字化管理，还需要完善分公司管理和集团公司体系。在这个阶段，财务、营销和生产等都要实现数字化管理。如果没有完成数字化管理，企业还需要在这个阶段进行提升和完善。

六、500人以上企业绩效管理实施

在这个阶段，企业需要进行企业管理咨询，以定制化方式制定咨询方案。无论是外部聘请还是内部咨询，都需要立项实施具体步骤：

如果之前没有绩效管理：

第一阶段：立项，确定内审项目总负责实施管理人员，挑选外部合作单位；

第二阶段：按 50—100 人规模逐步导入；

第三阶段：干部培训、内训师体系建立、人力资源招聘全职内训师和公司管理体系搭建；

第四阶段：数字化管理、分公司管理和集团公司体系完善；

第五阶段：流程梳理；

第六阶段：平台化管理。

如果已经实施了绩效管理，需要根据诊断结果确定重点，然后制定实施方案进行绩效整改。

论述题：

1. 绩效管理实施八步骤包含哪些？

2. 1—20 人的公司绩效管理怎么做？

3. 20—50 人的公司绩效管理怎么做？

4. 50—100 人的公司绩效管理怎么做？

5. 100—200 人的公司绩效管理怎么做？

6.绩效考核工具怎么选择?

7.绩效管理第一阶段包含哪些内容?第二阶段包含哪些内容?

第七章　绩效管理与人才培养关联

绩效管理是组织中实现目标的一个重要过程，它涉及收集、分析和评估员工的工作表现，以及通过各种方式来管理并改进员工的表现。在绩效管理过程中，干部培养也很重要，因为团队中的领导干部很大程度上决定了团队的表现。以下是绩效管理需要做干部培养的原因：

第一，领导干部需要具备卓越的管理能力。在绩效管理过程中，领导干部负责评估员工的工作表现。如果领导干部没有足够的管理能力，他们就难以鉴别和评估员工的表现。因此，干部培养可以帮助领导干部提高管理水平和技巧。

第二，领导干部需要建立并激发一个卓越的团队。良好的团队建设可以提高员工的工作积极性和工作质量。而一个卓越的团队离不开一个优秀的领导者。因此，干部培训可以帮助领导干部建立一个有能力和充满热情的团队，并与团队成员建立良好的信任关系以实现业务目标。

第三，领导干部需要定期反思和评估工作表现。干部培养可以帮助领导干部更好地了解自己的工作表现，并根据团队目标和策略来调整管理方案。通过自我反思，领导干部可以改变和优化自己的工作方式和管理战略，从而改善工作绩效。这样的反思还可以帮助领导干部判断团队和企业未来需要哪些变化，从而更好地规划和管理团队。

第四，干部培养也是干部选拔和职业发展的一条重要途径。在绩效管理中，员工的表现往往直接影响到干部选拔和提拔的决策。一个有计划的干部培养方案，可以帮助组织更好地发掘和选拔有潜力的人才，并为他们提供必要的资源和机会。

综上所述，绩效管理需要干部培养的原因很多。干部培养可以提高领导干部的管理能力、建立卓越的团队、改善工作绩效、选拔和培养有潜力的人才等，全面提高企业的绩效表现，同时也为企业持续发展提供了重要的支撑。

当企业面临导入绩效管理、重大调整、快速复制或快速扩张等情况，或者企业想快速提升管理水平时，企业通常会开展全面的干部培养计划。以下方案是笔者在做绩效辅导的过程中，发现某些企业管理水平没有跟上而制定的干部培养计划。

一、管理者培养计划

（一）高层管理者的培养

某科技有限公司的核心竞争力是人才，管理者的发展、技术的提升、产品的更新等都离不开公司储备的人才资源。特别是在人工智能（artificial intelligence，AI）出现后，人才是第一生产力被不断证实。从这一点看，管理者要做好企业的人才管理工作。然而，在管理者的管理过程中，经常出现一些人才因个人或公司原因而选择离开的情况。那么，如何吸引人才、稳定人才呢？关键就在于提升管理者的管理技能。这就需要对管理者进行外部培训，然而，从现实情况看大多数外部培训成效甚微。外部培训一般会出现五大问题，如图7-1所示。

图 7-1　外部培训存在的五大问题

该公司结合自己多年发展经验，制定了管理者培养计划，以提升管理者的管理技能。

解决方案 1：高层管理者的自我开发。

该解决方案主要针对不听取别人的建议、掌握的管理知识较陈旧、喜欢点评别人的年龄较大的高层管理者。这需要他们保持终身学习，进行自我开发。管理者的自我开发涉及自身专业，目的是让管理者优化自身知识结构，提升自己的管理技能。该公司的理念是"授人以渔"，让更多的高管进行自我开发，成为复合型管理人才，快速提升本公司的综合实力。

解决方案 2：高层管理者的成功复制之自我成长计划。

该解决方案主要针对不喜欢交流、不善于领导下属的总监级以上的管理者。管理者内部有很多优秀的人才，每位管理者都有不同的有关成功的故事。虽说成功是不可以复制的，但成功的经验可以总结出来，建立方法论，然后分享，进而使后学习的人根据自己的方式制定适合自己的成长计划，并且落实行动。

解决方案 3：聆听高层管理者心声，重塑自我。

该解决方案主要针对与同事相处不好但能力很强的高层管理者。人在成长过程中或多或少会受到创伤，长大后，这些创伤可能在一定程度上对人的人际关系、自我认知、情绪控制、工作能力等方面产生影响。该公司设有企业管理中心，该中心有专业的心理咨询师，可以聆听这些人的心声，帮助他们解开自身枷锁，重新塑造自我，激发潜能。

项目对象：总监级以上、副总经理、董事长助理等，或者刚上任的分公司CEO。

模块思路如图 7-2 所示。

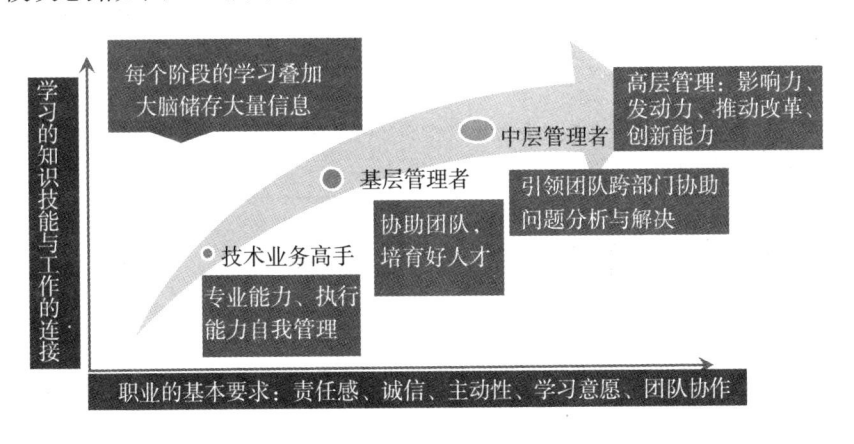

图 7-2 模拟思路

流程如图 7-3 所示。

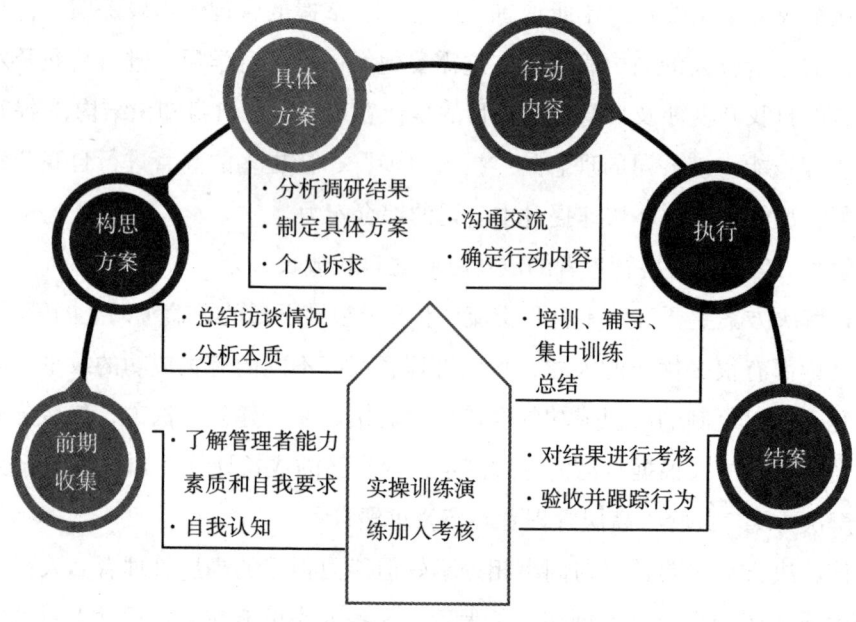

具体方案
- 分析调研结果
- 制定具体方案
- 个人诉求

行动内容
- 沟通交流
- 确定行动内容

构思方案
- 总结访谈情况
- 分析本质

执行
- 培训、辅导、集中训练总结

前期收集
- 了解管理者能力素质和自我要求
- 自我认知

实操训练演练加入考核

结案
- 对结果进行考核
- 验收并跟踪行为

图 7-3 流程图

学习内容如表 7-1 所示。

表 7-1 个性化辅导——高层管理者四重塑

方向	主题	具体情况	方式	具体形式	时间
技能	高层管理者基本功	项目整体运作资金把控、分配	一对一辅导	实操+辅导	
		公司运营与风险把控	一对一辅导	实操+辅导	
		企业生命周期与初期运作把控	一对一辅导	实操+辅导	
		项目初期人、财、物标配	一对一辅导	实操+辅导	

第七章　绩效管理与人才培养关联

续　表

方向	主题	具体情况	方式	具体形式	时间
技能	方案一：管理者的自我开发	一是激发其自己主动学习、做好工作、维护同事良好关系的意愿	"沟通技巧"聆听、共情、同理 "情绪管理"	授课＋心理咨询＋辅导	
		二是使其发觉自己的短处，看到别人的长处，以补自己的短处，从而能与团队高效配合	"识人善用" "人才鉴别与用人"	授课式	
		三是补充知识，使自己掌握开发不同管理技能的技巧	"知识构架的搭建" "如何提取自己的经验" "六项思考帽"依据管理者情况研发不同版本 "思考快与慢" "综合管理技能提升"	授课式	
	方案二：成功复制之自我成长计划	经验萃取	"知识构架的搭建" "如何提取自己的经验"	授课式	
		激发人的学习意愿	"ADPC成人学习模式" "潜能开发"（只针对有催眠基础的学员） "六项思考帽" "思考快与慢" "综合管理技能提升"	授课式	
		补充专业知识	根据岗位而定	待定	
		开阔视野	根据岗位而定	待定	

续 表

方向	主题	具体情况	方式	具体形式	时间
技能	方案三：聆听心声重塑自我	改正自己性格的缺点	"完美人生—自我解析""重塑自我"	授课式	
		提高沟通能力，改变固化思维	"归因、认知、逻辑"	授课式	
		改变认知	"情绪分类""人际关系边界性解读""解压与心情舒缓"	授课＋心理咨询＋辅导	
		解压	"暗示与自我暗示""解压与放松""解密催眠术"	授课＋心理咨询＋辅导	
实操	工具落地	经营计划分解（BSC）	一对一辅导	个性化授课＋辅导	
		年度计划落地（PPI）			
		月度绩效计划落地（OKR）			
		日常管理			
		新人培养跟踪			
		团队氛围打造			
		老员工培育			
		团队复制			

（二）中层管理七项技能打造计划

美国著名管理学家彼得·德鲁克认为，管理是一种无形的力量，这种力量是通过各级管理者体现出来的。中层是企业的中坚力量，企业是否强大要看中层管理者的数量和质量。

××公司成立多年，有一定时间的沉淀与积累，但公司有很多管理人才都还停留在做事层面，统筹和组织管理协调能力欠缺。公司体系化建设欠缺，权责、岗责不清晰。

对象：经理。

目标：让管理者们深刻掌握七项技能并运用到工作中。

技能一：（现场管理）高效会议

会议是管理者再熟悉不过的，会议其实是管理者运用落实管理的最有效的工具。一次好的会议，不仅在时间上把控得很合适，使员工融入会议交流，能够积极参与工作，而且可以使团队统一思想、统一目标、齐心协力地共同推进工作；一次差的会议，不仅会耽误时间，影响工作，导致员工无效沟通，甚至会让员工变得只顾溜须拍马、无心于正事。

技能二：沟通技巧。

沟通是一门艺术，很多人把它想得很奇妙，之所以想得奇妙是大家不知道人的心理结构模式和防御机制。

技能三：解读落实企业文化。

企业文化的解读需要每个层级用行为解读，并承担相应的责任。主要的工具是培训，包括思维训练，以管理沙龙会形式推进，有学习，有行动，有任务，有计划，有要求，有考核，包括多种培训形式。

技能四：执行力。

执行力主要体现在把事情做对，哪怕命令是错误的。执行力体现在团队协作上，从对方角度和公司整体角度思考问题。

技能五：团队活动。

团队文化建设也是管理者要掌握的一项基本技能之一，好的团队建设活动可以让员工感恩公司，差的团队活动会让员工躲避。

技能六：伯乐的能力。

要有识别人才的能力。用人必须取其之所长，补其所短。

技能七：培育下属。

培育下属是领导的首要工作职责。作为领导，不能把培养下属归为职能部门的主要责任。职能部门是公共的部门，在管理的不同阶段起的作用不同。直属领导要掌握培养下属的这项技能，让所有跟随的下属都可以青出于蓝而胜于蓝。

具体流程如图 7-4 所示。

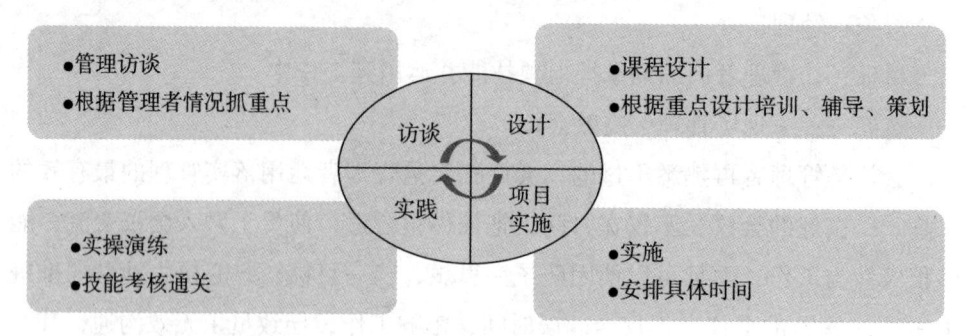

图 7-4 具体流程图

学习内容如表 7-2 所示。

表 7-2 七项技能的打造

方向	主题	课程	形式	时间
理论	统一思想	设置主题层层递进，每周开设 2 次中层和高层分班培训，共计 4 次，夯实管理基础	依据成人学习模式：有任务、有参与、有分享、有互动、有学习 1. 依据企业管理者受教育水平和管理能力而定 2. 先组织诊断和人才测评	依据企业而定
技能	高效会议	"会议管理" 周会、月会、季度会、绩效评优会等各种会议	辅导、讨论、演练、培训	
		重点工作分解与安排	讨论与演练	
		"时间管理"	培训	
		"演讲与口才"	培训与演练	
		"知识提炼"	讨论、演练、学习	

续 表

方向	主题	课程	形式	时间
技能	沟通技巧	"归因、认知、逻辑"	集中培训	
		"沟通技巧"聆听、共情、同理	集中培训（或者小班授课）	
		"跨部门沟通"	集中培训	
		"沟通逻辑学"	集中培训	
	解读落实企业文化	"新管理方式的解读"		
		"新管理方式的落实"	互动、参与、讨论、辅导	
	执行力	"执行力"	互动、参与、讨论、辅导	
	团队活动	"优质团队活动分享"	优秀管理者	
	伯乐的能力	"人才鉴别与用人"	互动、参与、讨论、辅导	
		"识人善用"	互动、参与、讨论、辅导	
	培育下属	"知识架构的搭建"	集中培训或辅导	
		"素质模型分析与岗位模型分析"	内训或外训	
		"如何把你的技术教给下属"	辅导、讨论、演练、培训	
		"演练一次谈话、培训、辅导"	考核与通关	
	工具落地	经营计划分解（BSC）	个性化授课+辅导	

（三）基层管理培养计划

企业管理就像建房子一样，需要打基础，需要有房梁。要对基层管理特别重视，每一位主管或者副经理上岗前必须进行周期性培训，基层管理侧重技能演练，实践总结，新人培养。

对象：主管、副经理、储备干部。

目标：建立企业内部基层管理体系，岗位经验的传承。

具体流程图如图 7-5 所示。

| 学习 | 谈论 | 演练通关 | 应用工作总结 |

图 7-5　基层管理培养计划流程

学习内容如表 7-3 所示。

表 7-3　主管进阶

方向	主题	学习方向	课程	形式	时间
理论	统一思想	设置主题层层递进，每周开设 2 次中层和高层分班培训，夯实管理基础	1.依据企业管理者受教育水平和管理能力而定 2.先组织诊断和人才测评	有任务、有参与、有分享、有互动、有学习	依据企业而定
方向	主题	学习方向	主题	课程	形式	时间
技能	日常管理	会议管理	1.会议的类别	"日会、周会、月会、年总结会"目的、要求、时间、安排	互动、演练、训练、讨论、行动	依据企业而定
			2.会议的把控	"日会、周会、月会、年总结会"控场与操作		
		工作计划管理	公司层面统一抓	"计划管理与绩效管理"	授课	
		沟通与协调	1.提高沟通技巧与语言表达能力	"逻辑"	互动、演练、训练、讨论、行动	
			2.改善职场人际关系	"催眠式沟通"		
				"暗示与自我暗示"		

续　表

方向	主题	学习方向		课程	形式	时间
技能	自我管理	管理自己和管理团队	时间管理	"时间管理"	互动、演练、训练、讨论、行动	
			自我习惯管理	"自我习惯管理"		
			自我规划	"自我规划"		
	培育下属	如何培养下属	你的想法	宣导互动课	互动、演练、训练、讨论、总结	
		培养下属应该具备的技巧	A.良好的亲和力与控场能力	"亲和力的培养"		
			B.完善的知识结构	"大小场面的把控"		
			C.优秀的传授能力	"知识架构"		
			D.主动的学习能力	"传授能力"		
				"主动学习的方式"		
		经验如何提炼	提炼的经验根据培养人员的具体情况而改变	"如何提取自己的经验"	互动、演练、训练、讨论、总结	
		阶段总结	实际运用与提炼的技巧与案例	"管理技能提升"如何取长补短，怎么分析案例、提取技巧	授课	

续 表

方向	主题	学习方向		课程	形式	时间
技能	培育下属	传授能力	A.一对一谈话式	"演练一次谈话"	结业考试	
			B.集中授课式——一对多	"演练一次授课"		
			C.员工传导式	"演练一次传导式引导"		
			D.辅导、分享、授课的区别	"谈谈你对辅导、分享、授课的理解"		
		提升与演练	A.总结加入新知识	"总结与创新"	挑战与创新	
			B.演练技巧	"演练的技巧"		
		毕业颁证				
	工具落地	经验计划分解（BSC）		一对一辅导	个性化授课+辅导	
		年度计划落地（PPI）				
		月度绩效计划落地（OKR）				
		日常管理				
		新人培养跟踪				
		团队氛围打造				
		老员工培育				
		团队复制				

（四）实施方式

1. 第一阶段：学习（2020 年 12 月前完成）

领导审批—管理层宣贯—修改增加建议—确定实施时间方式—实施—结束后总结。

2. 第二阶段：推动行为导入工具（2020 年 10 月至 2021 年 6 月）

跟踪部门具体管理行为—经营计划—管理沙龙—会议管理—计划管理—绩效管理学习—导入 OKR 管理—结合目前薪酬系统与 OKR 结合。

3. 第三阶段：管理行为 OKR 辅导整理（2021 年 2 月至 5 月）

根据问题解决问题。

（五）参训安排

按层级按批次个性化安排，具体参加哪个阶段培训，培训前安排测评，对能力技能经验可塑性综合评估。根据评估结果分批次学习。不补课，超过 5 次没有参加，后期晋升后的定制化培训不安排。

在人才培养和绩效管理之间的关系中，岗位设计、分工和晋升都需要相互关联。

具体来说，良好的岗位设计和分工对有效的绩效管理至关重要。岗位应该明确规定员工的职责和工作任务，以便他们可以专注于自己所擅长的领域，并在完成工作时表现出色。此外，工作任务也需要与组织的战略规划和目标相一致。

晋升也是与绩效管理密切相关的转型机会。绩效良好的员工应该有机会从更高的职级和更具挑战性的任务中受益，而绩效差的员工则应该得到改进的机会和支持。此外，一些培训和教练也可以纳入晋升计划中，以帮助员工学习新技能和保持职业生涯发展的势头。总之，人才培养和绩效管理是相互关联的。良好的岗位设计、分工和晋升机会可以帮助员工在工作环境中蓬勃发展，并提高整个组织的绩效和生产力。以下是一家专注于国内外贸易 3C 类目企业的销售部薪酬绩效方案。

二、与绩效薪酬关联

（一）销售部门的组织架构图

该企业销售部门的组织架构图如图7-6所示。

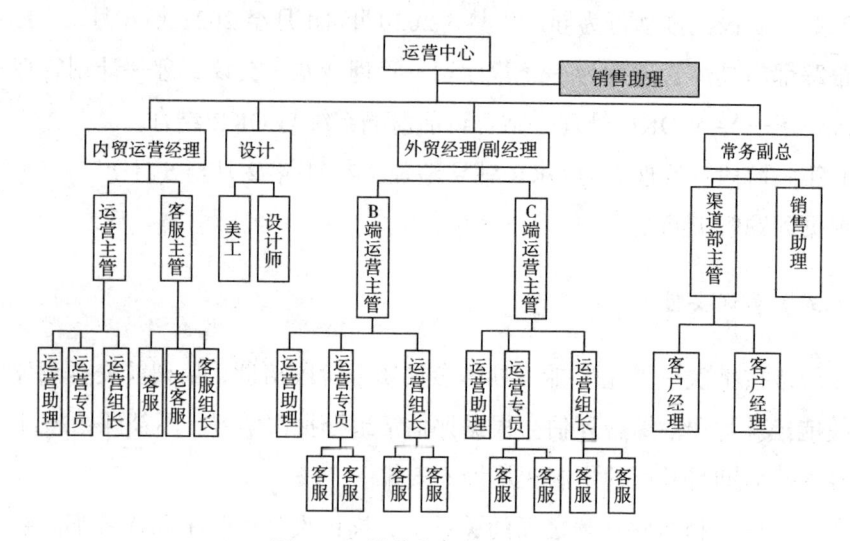

图7-6 销售部门的组织架构

（二）晋升通道（渠道部举例）

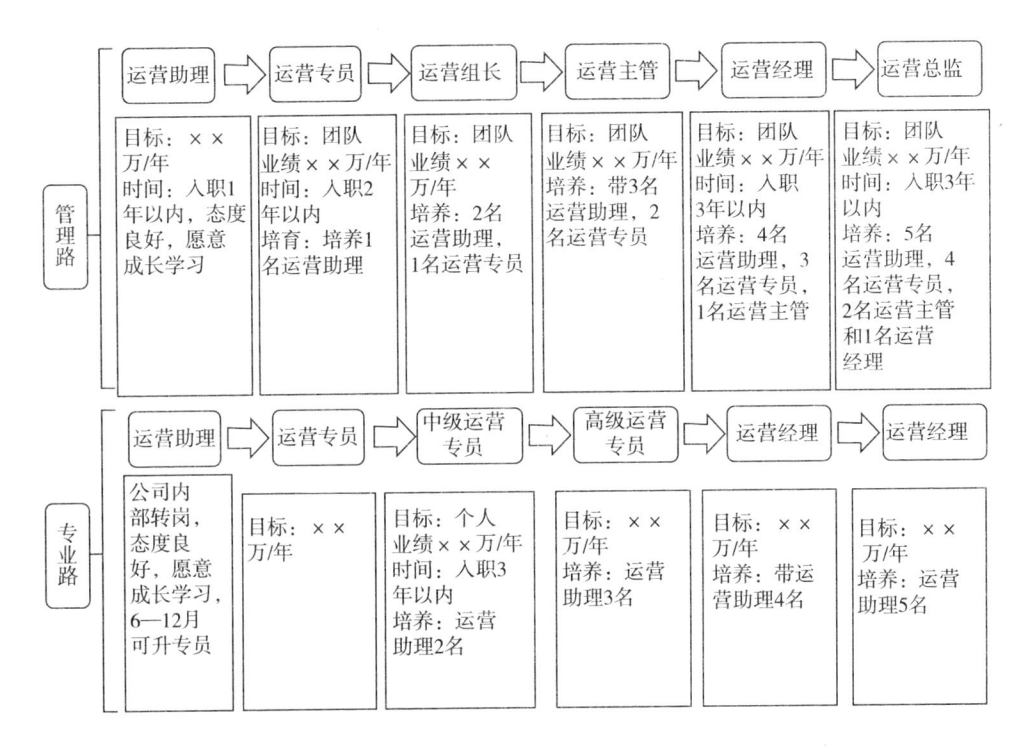

```
管理路：
运营助理 → 运营专员 → 运营组长 → 运营主管 → 运营经理 → 运营总监

运营助理：目标：××万/年；时间：入职1年以内，态度良好，愿意成长学习

运营专员：目标：团队业绩××万/年；时间：入职2年以内；培育：培养1名运营助理

运营组长：目标：团队业绩××万/年；培养：2名运营助理，1名运营专员

运营主管：目标：团队业绩××万/年；培养：带3名运营助理，2名运营专员

运营经理：目标：团队业绩××万/年；时间：入职3年以内；培养：4名运营助理，3名运营专员，1名运营主管

运营总监：目标：团队业绩××万/年；时间：入职3年以内；培养：5名运营助理，4名运营专员，2名运营主管和1名运营经理
```

```
专业路：
运营助理 → 运营专员 → 中级运营专员 → 高级运营专员 → 运营经理 → 运营经理

运营助理：公司内部转岗，态度良好，愿意成长学习，6—12月可升专员

运营专员：目标：××万/年

中级运营专员：目标：个人业绩××万/年；时间：入职3年以内；培养：运营助理2名

高级运营专员：目标：××万/年；培养：运营助理3名

运营经理：目标：××万/年；培养：带运营助理4名

运营经理：目标：××万/年；培养：运营助理5名
```

（三）岗级薪酬一览表（渠道）

岗级薪酬一览表如表7-4所示。

表 7-4 岗级薪酬一览表

职位	职位名称	业绩要求	专业方向					职位名称	团队业绩	管理方向				
			业绩总额	年薪	月薪	底薪	绩效	补贴/月			业绩总额	年薪	月薪	底薪	绩效	车补/月
合伙人	营销合伙人	团队业绩 3 001万—3 500万/年	3 500万以上	145 200	12 100	7 260	4 840	利润分红	营销合伙人	团队业绩 3 001万—3 500万/年	3 500万以上	350 000	29 167	14 583	14 583	利润分红
			3 500万	141 600	11 800	7 080	4 720	1 500			3 500万	350 000	29 167	14 583	14 583	1 500
			3 200万	138 000	11 500	6 900	4 600	1 500			3 200万	340 000	28 333	14 167	14 167	1 500
销售总监	高级销售经理	个人业绩 2 501万—3 000万/年	3 000万	134 400	11 200	6 720	4 480	1 000	营销总监	团队业绩 2 501万—3000万/年	3 000万	330 000	27 500	13 750	13 750	1 000
			2 900万	130 800	10 900	6 540	4 360	1 000			2 900万	320 000	26 667	13 333	13 333	1 000
			2 800万	127 200	10 600	6 360	4 240	1 000			2 800万	310 000	25 833	12 917	12 917	1 000
			2 700万	123 600	10 300	6 180	4 120	1 000			2 700万	300 000	25 000	12 500	12 500	1 000
			2 600万	120 000	10 000	6 000	4 000	1 000			2 600万	290 000	24 167	12 083	12 083	1 000

提成：按提成表

续　表

职位	职位名称	业绩要求	业绩总额	专业方向 年薪	月薪	底薪	绩效	补贴/月	提成	职位名称	团队业绩	业绩总额	管理方向 年薪	月薪	底薪	绩效	车补/月
	中级经理	个人业绩 2 001万—2 500万/年	2 500万	116 400	9 700	5 820	3 880	500		渠道高级经理	团队业绩 2 001万—2 500万/年	2 500万	280 000	23 333	11 667	11 667	500
			2 400万	112 800	9 400	5 640	3 760	500				2 400万	270 000	22 500	11 250	11 250	500
			2 300万	109 200	9 100	5 460	3 640	500				2 300万	260 000	21 667	10 833	10 833	500
			2 200万	105 600	8 800	5 280	3 520	500				2 200万	250 000	20 833	10 417	10 417	500
	初级经理	1 501万—2 000万/年	2 000万	102 000	8 500	5 100	3 400	500		渠道中级经理	团队业绩 1 501万—2 000万/年	2 000万	240 000	20 000	10 000	10 000	500
			1 800万	98 400	8 200	4 920	3 280	500				1 800万	230 000	19 167	9 583	9 583	500
			1 700万	94 800	7 900	4 740	3 160	500				1 700万	220 000	18 333	9 167	9 167	500
			1 600万	91 200	7 600	4 560	3 040	500				1 600万	210 000	17 500	8 750	8 750	500

续 表

职位	职位名称	业绩要求	专业方向						职位名称	团队业绩	业绩总额	管理方向			
			业绩总额	年薪	月薪	底薪	绩效	补贴/月				年薪	月薪	底薪	绩效	车补/月

专业方向 / 管理方向

职位	职位名称	业绩要求	业绩总额	年薪	月薪	底薪	绩效	提成	补贴/月	职位名称	团队业绩	业绩总额	年薪	月薪	底薪	绩效	车补/月
销售经理	高级销售	1 001万—1 500万/年	1 500万	87 600	7 300	4 380	2 920		500	渠道初级经理	团队业绩1 001万—1 500万/年	1 500万	200 000	16 667	8 333	8 333	500
			1 400万	85 200	7 100	4 260	2 840		500			1 400万	190 000	15 833	7 917	7 917	500
			1 200万	82 800	6 900	4 140	2 760		500			1 200万	180 000	15 000	7 500	7 500	500
			1 100万	80 400	6 700	4 020	2 680		500			1 100万	170 000	14 167	7 083	7 083	500
	中级销售	600万—1 000万/年	1 000万	78 000	6 500	4 550	1 950			渠道主管	团队业绩601万—1 000万/年	1 000万	160 000	13 333	6 667	6 667	
			800万	74 400	6 200	4 340	1 860					800万	150 000	12 500	6 250	6 250	
			700万	70 800	5 900	4 130	1 770					700万	140 000	11 667	5 833	5 833	
			600万	67 200	5 600	3 920	1 680					600万	130 000	10 833	5 417	5 417	
				63 600	5 300	3 710	1 590						120 000	10 000	5 000	5 000	

续 表

专业方向										管理方向							
职位	职位名称	业绩要求	业绩总额	年薪	月薪	底薪	绩效	补贴/月	提成	职位名称	团队业绩	业绩总额	年薪	月薪	底薪	绩效	车补/月
	初级销售	600万/年	600万	60 000	5 000	4 500	500			销售专员	600万/年	600万	60 000	5 000	4 500	500	
			500万	54 000	4 500	4 000	500					500万	54 000	4 500	4 000	500	
			300万	48 000	4 000	3 500	500					300万	48 000	4 000	3 500	500	
			100万	42 000	3 500	3 000	500					100万	42 000	3 500	3 000	500	
	不盈利项目按加绩效分数（10—100分）和奖金（1 000万—3 000万）发放，此类项目不能作为底薪和绩效提升依据。																

(四) 销售提成制度（渠道部）

1. 公司配商务提成

公司配商务提成的销售提成表如表 7-5 所示。

表 7-5 公司配商务提成的销售提成表

岗位	项目	基础提成	备注
销售	全部 ×× 业务	5%	
	××	3%	
	××	100 元/人	
		12%	

2. 公司不配商务的销售提成表

公司不配商务的销售提成表如表 7-6 所示。

表 7-6 公司不配商务的销售提成表

岗位	项目	基础提成	备注
销售	全部 ×× 业务	5%	老客户 ×× 续签按合同额3%计算
	×× 业务	3%	
	其他	100 元/台，新人开单	
		8%	

(五) 试用期转正考核制

1. 转正

（1）模拟一次客户电话沟通（初次开发、有对接沟通、项目结对沟通场景，可以自己设置）；

（2）模拟一次面访（初次见面、项目对接、已经合作场景，可以自己设置）；

（3）PPT 包含这三个月做了什么、总结收获、转正后规划安排、转正和业绩目标、如何达成等。

（4）转正考核表：详见附件转正考核评估表。

2. 晋升

销售员晋升加薪主要依据业绩，业绩达成占85%，综合素质和工作态度（服从领导安排和对项目负责认真）占15%。

管理方向：业绩达成占70%，综合素质和工作态度占30%。

（六）销售部绩效管理（渠道部）

1. 实施对象、考核周期

实施对象与考核周期表如表7-7所示。

表 7-7 实施对象与考核周期表

序号	岗位范围	考核周期
1	销售	月度

（1）销售试用期1—6月（表7-8）。

表 7-8 销售试用期1—6月

序号	KPI	分值(分)	评分标准	数据来源
1	关系构建、客户开发、重点事项跟进	60	得分＝达成率×分值	个人合同数据
2	业务达成	30	主管评分，满分封顶	营销总监
3	跨部门协作	10	技术部门、财务部门对接	直属领导

（2）6个月以上销售（表7-9）。

表 7-9 6个月以上销售

序号	KPI	分值(分)	评分标准	数据来源
1	关系构建、客户开发、重点事项跟进、	30	主管评分，满分封顶	营销总监
2	业务达成	60	得分＝达成率×分值	个人合同数据
3	跨部门协作	10	技术部门、财务部门对接	直属领导

（3）1年以上销售（表7-10）。

表7-10 1年以上销售

序号	KPI	分值（分）	评分标准	数据来源
1	关系构建、客户开发、重点事项跟进	10	主管评分，满分封顶	营销总监
2	业务达成	80	得分=达成率×分值	个人合同数据
3	跨部门协作	10	技术部门、财务部门对接	直属领导

（4）团队管理岗销售（师傅）表，如表7-11所示。

表7-11 团队管理岗销售（师傅）

序号	KPI	分值（分）	评分标准	数据来源
1	关系构建、客户开发、重点事项跟进	10	主管评分，满分封顶	营销总监
2	业务达成	60	得分=达成率×分值	个人合同数据
3	团队管理	20	每月现场管理	营销总监
4	跨部门协作	10	技术部门、财务部门对接	直属领导

（5）团队管理岗销售（经理）表，如表7-12所示。

表7-12 团队管理岗销售（经理）

序号	KPI	分值（分）	评分标准	数据来源
1	团队：关系构建、客户开发、重点事项跟进	10	主管评分，满分封顶	营销总监
2	团队：业务达成	60	得分=达成率×分值	个人合同数据
3	团队管理（人才培训、团队建设、跨部门沟通与协调）	20	每月现场管理	营销总监
4	跨部门协作	10	技术部门、财务部门对接	直属领导

2. 现场计划管理与绩效管理实施

（1）绩效工资考核系数如表 7-13 所示。

表 7-13　绩效工资考核系数

考核得分	得分≥150	120≤得分<150	80≤得分<120	60≤得分<80
考核等级	A+	A	B	C
绩效系数	1.5	1.2	1	0.8

（2）绩效管理过程。

①月初目标拟定：通过沟通，让被考核人了解工作的目标和标准，同时消除对考评的误解，也让考核人了解下属的需求和困难，正确有效地辅导、培训、引导员工。

②月中绩效辅导：通过周会、培训会、案例分享会提高部门人员工作计划完成的能力，通过日常交流改变员工的心态，提高员工积极性从而提高部门绩效。具体实施，每周开周会，了解员工的每周具体工作。

③月底绩效总结：通过部门周会了解计划完成情况，月度绩效考核评估打分，总结分析原因，提高工作效率，改进不足，并布置下月工作计划。

（3）绩效申诉。

员工如对考核过程或结果有异议，可与其考核人沟通解决，若经沟通仍有异议，由被考核人在 3 个工作日内填写"绩效考核申诉表"，向人事行政部申诉。申诉内容可包括：未与员工进行应有的绩效面谈；未事前明确目标和标准；拖延考核；考核结果缺乏客观、公正性；等等。人事行政部应在受理后 3 个工作日内了解事情的经过和原因，对申诉所涉及的事实进行认定，将事实认定结果和申诉处理意见反馈给申诉双方当事人，并监督落实；必要时可召开由申诉人、绩效考核责任人、间接领导、人事行政部、总经办等人员组成的评审会进行裁决。

按程序申诉一经确认有效，则公司可根据具体情况，有权调整申诉人的考核结果，调整后的结果为最终结果。

附则：考核过程文件（考核评分表、统计表）严格保密，考核结果只反馈给个人，不予公布。

支持性文件和资料：月度绩效考核表、绩效评分依据、绩效申诉表、绩效变更表申请表、周计划模板、转正考核表。

三、薪酬设计方法

薪酬调查分析方法：集中趋势法、离散分析法。

（一）集中趋势法应用

集中趋势法是将薪酬调查后的所有样本薪酬数据集中化成一个具体数值的方法。它是薪酬调查结果分析中最简单、最常用、最直观的方法，这种方法适用于几乎所有类型的薪酬调研结果分析。

1. 平均值法

平均值法是根据对某岗位对不同对标企业的薪酬调研结果，直接算出平均值，作为该岗位市场薪酬的方法。具体公式如下：

某岗位市场薪酬 =∑（对标企业薪酬数据）÷ 对标企业数。

有时，人才测评得分会影响员工的薪酬水平。在这种情况下，企业需要根据市场调研确定薪酬对应的宽带和基准值。其中，如果企业的薪酬普遍偏低，基准值应该对应宽带薪酬 75—80 分；如果企业的薪酬普遍偏高，基准值应该对应宽带薪酬 65—70 分。具体来说，宽带薪酬是指一定薪资范围内的所有工作岗位的预期薪酬。在确定薪酬宽带时，需要考虑员工能力、工作经验、业绩表现、市场供求等因素。而基准值则是确定薪酬宽带的基准点，通常是根据市场调研和业界标准确定的。因此，在薪酬管理中，如果企业的薪酬普遍偏低，应该将基准值设定在宽带薪酬的较高分值，以使员工获得公平的薪酬待遇；如果企业的薪酬普遍偏高，应该将基准值设定在宽带薪酬的较低分值，以帮助企业降低薪酬成本和提高生产效益。薪酬管理需要根据市场需求和企业实际情况制定相应策略。通过合理设置薪酬宽带和基准值，可以帮助企业维持良好的人力资源管理水平，保持竞争优势。

2. 加权平均值法

加权平均法是对调查的不同对标企业的薪酬数据赋予不同的权重值后，再计算平均值的方法，权重的大小通常取决于该公司从事该岗位工作的人数。具体计算公式如下：

某岗位市场薪酬 =∑（对标企业工资数 × 对标企业员工数）÷∑ 对标企业员工数。

（二）离散分析法应用

离散分析法是分析和衡量薪酬调查数据离散程度的方法，比较常用的有百分位法和四分位法。

1. 百分位法

百分位法是想象把薪酬调查的所有样本数据由高到低排列后，把样本数量分成 100 份。用 x 分位值表示有 $x\%$ 的样本数值小于此数值。x 为从 0 到 100 的整数。

当 x 为 55 时，表示有 55% 的数据小于此数值。

当 x 为 40 时，表示有 40% 的数据小于此数值。

依次类推。

百分位法主要应用于确定企业薪酬水平的战略定位上，因为它能够直观地揭示出本企业工资水平在劳动力市场上所处的地位。

2. 四分位法

四分位法与百分法的原理相似，不同之处在于四分位法是把薪酬调查的所有样本数据由高到低排列后，划分成四组数据。每组数据中包含数据样本总数的四分之一（25%）。

百分位法的 x 分位值可以是 0—100 的任意整数。四分位法也有分位值，我们用 s 值代替，s 值可以是从 1—4 的任意整数，所以四分位法分出的值理论上可以有 4 个。

当 $s=4$ 时，代表样本数据的最大值。

当 $s=3$ 时，代表样本数据的 75 分位值。当 $s=2$ 时，代表样本数据的 50 分位值。当 $s=1$ 时，代表样本数据的 25 分位值。

由于中小型企业有各种情况，在薪酬方面可以怎么灵活就怎么实施。很多中小型企业在只有不到 50 人的时候，一般薪酬会与招聘网上同行的薪酬相类似，为了吸引人才可能会比同行高一点儿。等公司大一些慢慢开始制定完备的内部薪酬体系。

（三）薪酬制度案例

以下薪酬制度是深圳市××职业教育有限公司2017年的薪酬制度，公司主要做职业考证类培训，会涉及讲师、助教、教学管理等岗位。

1. 原则

（1）薪酬确定。薪酬的确定原则上不考虑员工工作年限、资历与家庭负担；主要考虑员工承担某一职位所需具备的条件、在工作中所表现出来的能力。依靠科学的价值评价，对各职级、职层人员的任职角色、绩效进行客观公正的评价，给贡献者以回报。

薪酬调整将薪酬与任职资格水平和绩效密切结合，依据考核结果和任职资格水平的变化进行薪酬调整。

（2）薪酬结构。通过建立在任职资格基础上的薪酬结构，提高薪酬制度的科学性和灵活性，强化薪酬的激励机制。

（3）薪酬差距。薪酬的水平要充分拉开差距，要有利于形成和稳定核心层、中层、骨干层队伍。薪酬要向关键职位、核心人才倾斜。

2. 划分职级

公司所有员工统一采用一个薪酬体系。薪酬体系中，根据不同岗位、不同级别的员工的薪资不同，以区分和体现不同级别员工以及文职人员在企业中的贡献。讲师岗位划分为高级讲师层、中级讲师层、初级讲师层，每个级别设多个档，职能岗位分为基层、中层、高层，每层设多个档。

3. 薪酬的构成

在薪酬体系中，员工的薪酬是由基础工资、绩效工资和补助、证书补助四部分构成的。

（1）基础工资。基础工资即员工的底薪，是根据各职位的不同职责确定的，按月发放，以保障员工的基本生活需要。

（2）绩效工资。绩效工资即老师的课时补助、教务加班补助、外出补助，将根据不同岗位实际所得结果发放。它的额度是非固定性的，并随着老师的级别高低而变化，以起到对员工的激励作用。

（3）补贴工资。补贴工资即企业年功工资（企业工龄津贴）及公司规定的其他津贴，是对工资较低的员工和长期服务于企业的员工的一种鼓励和补偿。

（4）证书补助。主要针对相同岗位，相同能力相同经验不同学历、不同资格证书的额外的补助。

4. 薪酬体系的特点（科学性、完整性和系统性）

本薪酬体系是一个完整、系统的体系，由科学的设计思想、设计原则和设计方法贯穿整个体系。在体系中，具体的薪酬数额可以根据市场变化而变化，但这种变化并不影响整个体系的设计原则和结构。下面是本薪酬体系的主要特点：

（1）同一职级，多级数跨度。同一职级职位，所负职责仍有所区别。表现特别优秀，多级数跨度为同一职级不同职责职位提供适当薪酬。

（2）低职级与高职级级数部分重叠。低职级与高职级级数部分重叠，为较低职级人员晋升提供较大空间与动力。

（3）薪酬提升与绩效挂钩。基础工资调整根据考核结果晋级，从而加大了考核力度。职能部门的绩效额度与学院的经营状况挂钩，讲师的不同级别课酬与学院的经营状况挂钩。从而将员工个人晋级和收入、与企业经营效果联系起来。这种联系将使员工个人的目标与企业的目标相一致，从而在薪酬体系设计上体现出企业的整体利益，并能够增强企业的凝聚力。

（4）职责不同，激励力度不同。各级管理人员由于所处管理层次不同，因此所承担的职责也不同，对其激励方法与激励力度也应有所不同，主要体现在以下两方面：

基础、绩效工资比例根据级别的不同而有所不同。

根据企业实际情况对不同级别的人员采取不同的方式，绩效工资主要根据不同岗位而定，绩效工资是与能力挂钩的。

5. 薪酬体系设计

（1）薪酬体系设计原则

①简洁性原则。全公司员工收入除基础工资、绩效工资、提成、补贴工资、证书补助、员工年终奖外，不再有任何其他收入。

②统一性原则。全公司员工的薪酬从高层管理人员、中层管理人员到基层工作人员，统一纳入一个完整的薪酬体系，各级人员的薪酬制定依照统一的原

则和方法进行；各级讲师的薪酬制定依照统一的原则和方法进行。

③针对性原则。学院不同于企业，所以薪酬会有所不同，教师和后勤人员除基础工资外，还有课时补贴和招生提成等。职能部门也有设有提成。

（2）薪酬体系的构建。

企业的薪酬由三部分组成：

基础工资——员工的基本工资；

绩效工资——讲师：绩效＋课酬＋补助＋招生提成；职能岗位：绩效＋补助＋招生提成。

补贴工资——工龄工资及各种津贴。

讲师设高、中、初级；职能岗位设高、中、基层，员工薪酬的构成比例和各层级员工薪酬的构成如表7-14和表7-15所示。

表7-14　各职能薪酬构成表

高级管理人员	中级管理人员和技术人员	基层工作人员
基础工资＋绩效工资＋补贴工资＋证书补贴＋提成	基础工资＋绩效工资＋补贴工资＋证书补贴＋提成	基础工资＋绩效工资＋补贴工资＋证书补贴＋提成

表7-15　讲师薪资构成表

高级讲师	中级讲师	初级讲师
基础工资＋绩效工资＋补贴工资＋证书补贴＋课酬＋提成	基础工资＋绩效工资＋补贴工资＋证书补贴＋课酬＋提成	基础工资＋绩效工资＋补贴工资＋证书补贴＋课酬＋提成

（3）薪酬额度的确定。

薪酬额度的确定原则如下：

①公平性、合理性、竞争性；

②比本地区、同行业企业的平均工资水平稍高；

③可以起到保障员工生活稳定的作用。

薪酬总额的确定思路如下：

本企业工资水平应该在本地区同行业中属中等偏上的水平，具有一定的竞争力。

①将工资结构简化；
②同一职级人员跨越多个工资级别，给各职级员工的晋升提供空间。

薪酬额度的确定依据如下：

①对本地区同行业薪资水平的调查而得出的基本薪酬水平；
②公司的"职位设置"与"职位描述"；
③公司支付能力，工资起点、级差的确定。

薪酬额度的确定步骤如下：

①本地区、同行业基本薪资情况的调查；
②职位设计、工资起点、级差的设计；
③公司承受能力的测算；
④职能岗位薪酬体系设计方案如表7-16所示；
⑤讲师岗位薪酬体系如表7-17所示。

表 7-16 职能岗位薪酬体系设计方案

职级	高层级（差比例0.09）				中层（级差比例0.08）				基层（级差比例0.06）		
	职位	总额	月基础工资额	月绩效工资额	职位	总额	月基础工资额	月绩效工资额	职位	总额	月基础工资额	月绩效工资额
1	高级总监/副总	45 659	36 159	9 500	高级经理	26 422	20 422	6 000	高级专员	13 391	11 391	2 000
2		41 889	32 889	9 000		24 464	18 964	5 500		12 633	10 633	2 000
3		38 430	29 930	8 500		22 652	17 652	5 000		11 918	10 418	1 500
4		35 257	27 257	8 000		20 974	16 474	4 500		11 243	9 743	1 500
5		32 346	24 846	7 500		19 421	15 421	4 000		10 607	9 107	1 500

续 表

职级	高层级（差比例0.09）				中层（级差比例0.08）				基层（级差比例0.06）			
	职位	总额	月基础工资额	月绩效工资额	职位	总额	月基础工资额	月绩效工资额	职位	总额	月基础工资额	月绩效工资额
6	总监	29 675	22 675	7 000	经理	17 982	14 482	3 500	专员	10 006	8 506	1 500
7		27 225	20 725	6 500		16 650	13 650	3 000		9 440	7 940	1 500
8		24 977	18 977	6 000		15 417	12 917	2 500		8 906	7 406	1 500
9		22 914	17 414	5 500		14 275	12 275	2 000		8 401	6 901	1 500
10		21 022	16 022	5 000		13 217	12 217	1 000		7 926	6 926	1 000
11		19 287	14 787	4 500		12 238	11 238	1 000		7 477	6 477	1 000
12		17 694	13 694	4 000		11 332	10 332	1 000		7 054	6 054	1 000
13	部长	16 233	12 733	3 500		10 492	9 492	1 000		6 655	5 655	1 000
14		14 893	11 893	3 000		9 715	8 715	1 000		6 278	5 278	1 000
15		13 663	11 163	2 500		8 996	7 996	1 000		5 923	4 923	1 000
16		12 535	10 535	2 000		8 329	7 329	1 000		5 587	4 587	1 000
17		11 500	10 000	1 500		7 712	6 712	1 000		5 271	4 271	1 000
18						7 141	6 141	1 000		4 973	3 973	1 000
19						6 612	5 612	1 000		4 691	3 691	1 000
20						6 122	5 122	1 000		4 426	3 426	1 000
21					主管	5 669	4 669	1 000		4 175	3 175	1 000
22						5 249	4 249	1 000		3 939	2 939	1 000
23						4 860	3 860	1 000	员工	3 716	2 716	1 000
24						4 500	3 000	1 000		3 506	2 506	1 000
25										3 307	2 307	1 000
26										3 120	2 120	1 000
27										3 000	2 000	1 000
全勤：200元/月/人												

单位：元

注：职能岗位指行政岗位、财务岗位、管理岗位、讲师助理（文职类），也包括偶尔讲课的管理岗位（底薪＋课补＋提成＋补助）。

表 7-17 讲师岗位薪酬体系

职级	高级						中级						初级					
	工资总额	月基础底薪	绩效绩效	月绩效课时提成补助	级差比例 0.08	职位	工资总额	月基础底薪	绩效绩效	月绩效课时提成补助	级差比例 0.07	职位	工资总额	月基础底薪	绩效绩效	月绩效课时提成补助	级差比例 0.06	职位
1	37 269	34 269	3 000	1.理论100元/课时,实操课100元/课时 2.社会授课理论100元/课时,实操100元/课时 3.拜访客户现场200元/天		经理六级	24 900	22 900	2 000	1.理论80元/课时,实操课80元/课时 2.社会授课理论80元/课时,实操80元/课时 3.拜访客户现场160元/天		主管六级	13 746	12 246	1 500	1.理论50元/课时,实操课50元/课时 2.社会授课理论55元/课时,实操55元/课时 3.拜访客户现场150元/天		专员六级

续 表

职级	高级					中级					初级			
	职位	工资总额	月基础底薪	月绩效 绩效	月绩效 课时、提成补助	级差比例 0.08	职位	工资总额	月基础底薪	月绩效 绩效	月绩效 课时、提成补助	级差比例 0.07	工资总额	月基础底薪	月绩效 绩效	月绩效 课时、提成补助	级差比例 0.06
2		34 508	31 508	3 000				23 271	21 271	2 000			12 968	11 468	1 500	
3		31 952	28 952	3 000				21 749	19 749	2 000			12 234	10 734	1 500	
4		29 585	26 585	3 000				20 326	18 326	2 000			11 541	10 041	1 500	
5		27 394	24 394	3 000				18 996	16 996	2 000			10 888	9 388	1 500	
6		25 365	23 365	2 000			主管五级	17 753	16 253	1 500			10 272	9 272	1 000	
7		23 486	21 486	2 000				16 592	15 092	1 500			9 690	8 690	1 000	
8		21 746	19 746	2 000				15 506	14 006	1 500		专员五级	9 142	8 142	1 000	
9		20 135	18 135	2 000				14 492	12 992	1 500			8 624	7 624	1 000	
10	经理五级	18 644	16 644	2 000				13 544	12 044	1 500			8 136	7 136	1 000	

续表

职级	高级					中级					初级			
	职位	工资总额	月基础底薪	绩效绩效	月绩效 课时、提成补助	级差比例 0.08	职位	工资总额	月基础底薪	绩效绩效	月绩效 课时、提成补助	级差比例 0.07	职位	工资总额	月基础底薪	绩效绩效	月绩效 课时、提成补助	级差比例 0.06
11	经理四级	17 263	15 763	1 500			主管四级	12 658	11 658	1 000			专员四级	7 676	7 176	500		
12		15 984	14 484	1 500				11 830	10 830	1 000				7 241	6 741	500		
13		14 800	13 300	1 500				11 056	10 056	1 000				6 831	6 331	500		
14		13 704	12 204	1 500				10 333	9 333	1 000				6 445	5 945	500		
15		12 689	11 189	1 500				9 657	8 657	1 000				6 080	5 580	500		
16	经理三级	11 749	10 749	1 000			主管三级	9 025	8 025	1 000			专员三级	5 736	5 236	500		
17		10 878	9 878	1 000				8 434	7 434	1 000				5 411	4 911	500		
18		10 073	9 073	1 000				7 883	6 883	1 000				5 105	4 605	500		
19		9 327	8 327	1 000				7 367	6 367	1 000				4 816	4 316	500		
20		8 636	7 636	1 000				6 885	5 885	1 000				4 543	4 043	500		

续表

职级	高级 职位	高级 工资总额	高级 月基础底薪	高级 绩效	高级 月绩效课时提成补助	高级 级差比例 0.08	中级 职位	中级 工资总额	中级 月基础底薪	中级 绩效	中级 月绩效课时提成补助	中级 级差比例 0.07	初级 职位	初级 工资总额	初级 月基础底薪	初级 绩效	初级 月绩效课时提成补助	初级 级差比例 0.06
21	经理二级	7 996	7 496	500			主管二级	6 435	5 935	500			专员二级	4 286	3 886	400		
22		7 404	6 904	500				6 014	5 514	500				4 043	3 643	400		
23		6 855	6 355	500				5 620	5 120	500				3 815	3 415	400		
24		6 347	5 847	500				5 253	4 753	500				3 599	3 199	400		
25		5 877	5 377	500				4 909	4 409	500				3 395	2 995	400		
26	经理一级	5 442	4 942	500			主管一级	4 588	4 088	500			专员一级	3 203				
27		5 039	4 539	500				4 288	3 788	500				3 021				
28		4 666	4 166	500				4 007	3 507	500				2 850				
29		4 320	3 820	500				3 745	3 245	500				2 689				
30		4 000	3 500	500				3 500	3 000	500				2 537				

续表

职级	高级							中级							初级				
	职位	工资总额	月基础底薪	绩效绩效	月绩效 课时、提成 补助	级差比例 0.08	职位	工资总额	月基础底薪	绩效绩效	月绩效 课时、提成 补助	级差比例 0.07	职位	工资总额	月基础底薪	绩效绩效	月绩效 课时、提成 补助	级差比例 0.06
31														2 393				
32														2 258				
33														2 130				

备注：1. 全勤：200元/月/人；2. 目前专员岗位一级到三级的员工35节为基本课时，专员四级以上30节为基本课时，基本课时没有课时补贴。

（4）加薪制度。

每年 3 月份，部门经理根据晋升规则，向人事行政部门提交晋升申请单，申请员工获得加薪。人事行政经理在 25 日前审核通过后，通知部门负责人，将申请单留存备档。未通过的申请，部门领导需在申请单上注明原因，与员工沟通，并告知具体原因。申请加薪通过后，从申请之日次月起生效。例如，如果 7 月 25 日前申请通过，则 8 月份开始实施加薪薪资核算。

具体流程如下：员工填写加薪申请单—部门经理审核（根据晋级规则）—人事行政经理备档。

①同层级晋升一个级别，每年有一次机会。

基层晋升要求：

时间：任职本公司一年及以上员工，入职半年以上，未满一年按一年核算；不足半年不享受加薪。

要求：员工在过去的工作中，年度平均绩效为优秀，转正考核得分为 85 分或以上。

年终奖：根据财务报表和企业利润情况，每年发放年终奖，具体数额根据当年情况而定。

中层晋升要求：

时间：公司内任职一年及以上员工，岗位从主管级别开始计算。

要求：员工的年度绩效平均得分为优秀。

教育程度：本科及以上学历，包括成人教育、网络教育、统招本科、自考等。

高层晋升要求：

时间：在公司一年以上含一年，岗位是部长级别起。

要求：每年年度绩效平均得分为优秀者。

教育程度：研究生及以上学历，包括在职硕士、MBA、全日制硕士等；硕士研修班结业证书，无学位证书和学历证书者，每年绩效平均得分为优秀者，须在公司内工作满 2 年及以上，公司进行岗位变动时会根据具体情况作相应安排。

②同层级晋升 2 个级别。

时间：凡是在公司满一年含一年的员工，入职半年以上但不足一年者，将按照一年计算。入职时间不足半年者，不予加薪晋升。

要求：在过往工作中表现良好，年度平均绩效评为优秀，转正考核得分90分以上。

同时满足以下条件之一：

a. 为学校或公司做出过特殊贡献。

b. 上级领导提出特别申请。

c. 招生能力在团队中一直保持第一，为学院做出贡献者。

d. 拥有本科以上学历，包括成人、网络、统招、自考等。

年终奖：每年根据财务报表及学院利润情况进行发放，具体金额视当期情况而定。

③同级晋升三个级别。

如果员工出现同级晋升三个级别的情况，则说明面试评估存在误差，必须采取特别程序，重新评定该员工的入职薪资。

时间：凡是在公司工作满一年的员工，入职时间半年以上但不足一年的员工，将按照一年计算。入职时间不足半年的员工，不予加薪晋升。

要求：在过往工作中年度平均绩效被评为优秀，转正考核得分不低于90分，同时符合以下条件之一：

a. 为学校或公司做出过特殊贡献。

b. 上级领导提出特别申请。

c. 招生能力在团队中一直保持第一，为学院做出贡献者。

d. 拥有本科及以上文凭，包括成人、网络、统招、自考等。

年终奖：根据财务报表及公司每年具体利润情况进行发放，具体数额视当期情况而定。如果员工出现同级晋升三个级别的情况，则说明面试评估存在误差，需要走特别程序，重新评定该员工的入职薪资。

④跨级晋升。

初级晋升到中级：

时间：凡在本公司工作满三年及以上且在岗位调整后有管理职责的员工。

要求：在过往工作中，年度绩效评为优秀，得分平均数达到优秀的标准；同时，员工拥有本科以上学历，包括成人、网络、统招、自考等。

年终奖：每年根据财务报表及学院利润情况进行发放，具体数额根据当期实际情况而定。

中级晋升到高级：

时间：凡在公司工作满五年及以上且在岗位调整后有管理职责的员工。

要求：员工每年的年度绩效评定平均得分都为优秀；同时，员工拥有研究生及以上学历，包括在职研究生、MBA 等全日制和非全日制的硕士研究生学历证书；若没有学历和学位证书，需要在公司工作六年以上含六年，或已经经历公司内部岗位变动。

（5）基础工资的确定。

职能岗位：基础工资即员工的基本工资，它是员工生活的基本保障，不随企业经济效益的变化而变化，无论企业的经济效益好坏，企业均应该为员工发放基本工资。

我们根据员工不同的级别，确定他们的基础工资在员工薪酬中的比例，全部以定额核算。

教师岗位：基础工资根据老师的学历、证件、资质、教学经验设定的底薪不同。不随企业经济效益的变化而变化，无论企业的经济效益好坏，企业均应该为员工发放基本工资。

（6）绩效工资的确定。

职能岗位：绩效＋提成；绩效工资是员工的绩效工资，它由员工的工作业绩和为企业带来的效益来确定。

讲师岗位：绩效＋课时＋课补＋提成；绩效工资根据老师的学历、证件、资质、教学经验设定的补助不同。随企业经济效益的变化而变化。也与老师的资历和教学经验、上课时长相关。

绩效工资的确定思路：

以绩效管理制度作为绩效工资确定的总依据，每月考核，每年年终总体评估。评估结果决定第二年加薪情况。

绩效工资的确定步骤：

第一，建立绩效制度和绩效管理实施方法；第二，确立绩效考核的内容和方法。如表 7-18 所示。

表 7-18 提成表

产品 1	产品 2				
产品 1	产品 2				

任职条件不足的员工的工资级数确定方法：

以职位说明书中公司规定的学历、工作经验、实际动手能力、实际产出为任职标准，企业依据上述四项标准衡量任职者。

①依照工作经验序列，如果工作经验高出一级，则工资级数增加一级。如果工作经验低出一级，则工资级数降低一级。

②降低／提升幅度以二级为限，如条件严重不符而需要降低／提升三级时——提升三级需要重新评估，降低三级企业需考虑更换人选。

上述调整方法仅为目前时期。除特殊情况外，企业还是应该依据职位说明书的任职条件进行人员配置。

（7）补贴工资的确定。

补贴工资是由年功工资（工龄津贴）和国家规定的其他津贴构成。

年功工资是为鼓励员工在本公司长期工作，同时对工资较低的老员工和在本企业工作多年但始终没有得到升迁机会的员工提供的鼓励与补偿。特设立年功工资。

年功工资标准如表 7-19 所示。

证书职称补助表如表 7-20 所示。

表 7-19　年功工资标准

单位：元

工龄	每年年功工资增加额	工龄	每月年功工资额	每年年功工资额总额
1—5年	50	1	50	600
		2	100	1 200
		3	150	1 800
		4	200	2 400
		5	250	3 000
6—10年	30	6	280	3 360
		7	310	3 720
		8	340	4 080
		9	370	4 440
		10	400	4 800

表 7-20　证书职称补助表

序号	学历	额外补贴
1	博士及博士以上	500元/月
2	硕士	300元/月
3	本科、学士学位	100元/月
4	教师资格证	上岗证
5	心理咨询师证、人力资源师证	
6	注册会计	200元/月

注：证书补贴都是在基础工资和绩效工资以外的补助。

论述题：

1.20 人贸易型企业该如何设置薪酬制度？

2. 加薪该怎么和绩效相关联？

3. 薪酬的级别与岗位如何设定？

4. 制定 100 人的薪酬制度与 1000 人的贸易类企业的薪酬制度有什么区别？

第八章 绩效管理与企业文化关联

一、绩效管理与企业文化现状

在绩效管理实施的过程中，总有一些指标很难用数据来衡量。例如有些人在职能岗位，加上责任心不强，完成工作差强人意。有些岗位做得好与一般可能结果没有什么变化，但对外会影响客户对企业的印象。看似不重要的指标可能会给企业带来连锁反应。

企业文化的提炼是让员工从心理上认可企业和其产品的过程。从内心发出真诚的微笑和耐心，自然就会有责任心。当然这只是其中的一个方面。企业需要把文化提炼出来并告知每一层级。这些需要与我们的绩效管理相关联，企业文化的提炼和实施是绩效管理必不可少的部分。只有充分考虑企业文化和绩效管理之间的关系，企业才能够在管理创新和发展中取得更好的效果。

二、企业文化共识

企业文化共识是在一定的社会历史条件下，企业及企业职工在生产经营和企业管理中逐步形成的观念形态、文化形式和价值关系的总和。

企业文化构成中，价值体系是关键，如图 8-1 所示。

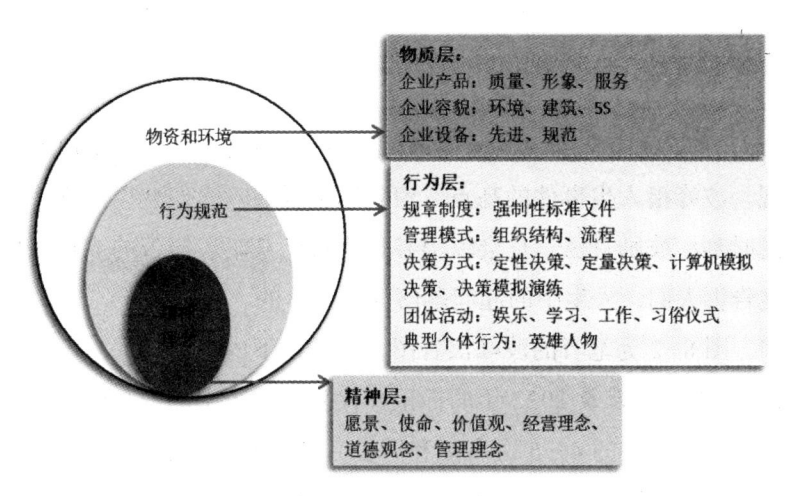

图 8-1 企业文化构成

现代管理学之父彼得·德鲁克曾经说过：任何一家企业，技能和职责80%都是相同的，唯独不同的就是那20%的企业价值观和准则，而这恰恰决定了企业的发展。

美国知名管理行为和领导权威约翰·科特教授与其研究小组用了11年时间，对企业文化对企业经营业绩的影响力进行研究，如表8-1所示。

表 8-1 企业文化对企业经营业绩的影响力研究

指标	重视企业文化的公司	不重视企业文化的公司	增长倍数
总收入平均增长率	682%	166%	6倍
员工增长	282%	36%	9倍
公司股票价格	901%	74%	11倍
公司净收入	756%	1%	700倍

卓越企业文化的特点在于建立了一种大我情怀的格局，而企业文化本质上是建立了一种共同的心智模式。企业文化的推导需要公司的创始人与管理层以及核心重要人员到一个安静、不受外界干扰的会议室中一起参与提炼。具体的提炼方法可参考以下波峰浪谷图，让每个人身处相同的心境中，并在企业文化推导图中实施提炼，最终通过人们的行为来使整个企业的文化得以改善。

三、波峰浪谷图

每个人的人生中都会经历各种各样的事件，而这些事件常常以波峰浪谷的形式出现。波峰指人生事件的高点，浪谷则指低谷。人们会以波峰代表自己曾经的高光时刻，鼓励自己，也会以浪谷代表自己灰暗、痛苦的成长经历，警醒自己。这告诉人们，人生中的起起落落都是正常的。

例如，图8-2为笔者的波峰浪谷图，包括以下内容：

（1）出生年份以及2022年的标记，代表我人生中的两个固定点。另外，该图还展示了我过去的4—5次高潮和低谷，以及未来五年的规划。

（2）围绕着这些事件，我总结出了几个关键词来描述我的经历的变化。这些词包括坚持、责任、永不放弃、命运等。

（3）最后，我用了5分钟的时间画出这个波峰浪谷图，并在3分钟内边听音乐边朗诵自己的诗篇。

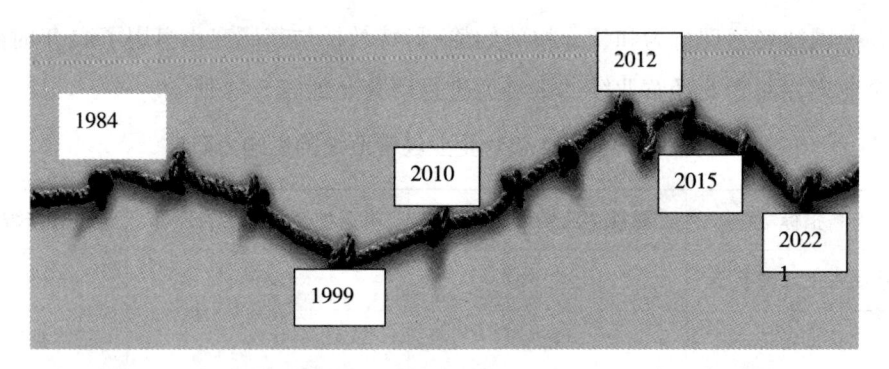

图8-2 笔者的波峰浪谷图

通过创造这个波峰浪谷图，并在其中总结我自己的人生经历，笔者意识到自己也需要像生活中的波浪一样去适应起起落落，用积极的态度来面对生活中的困难。这个过程是笔者从中获得的人生经验，也可以运用到企业管理中。

同样的方法，管理者也可以用波峰浪谷图呈现企业的生命轨迹和重要事件。这种方法可以帮助企业核心管理人员和创业者在一个舒适、安静的环境中思考，并以团体的形式列出企业的波峰浪谷事件，制定未来五年的规划。

这个方法可以使企业管理层在探讨企业未来方向的过程中更轻松地把握各种因素，有利于员工主动贡献意见，共同开创企业的美好未来。与个人的波峰浪谷图类似，这种方法将企业的重要事件呈现出来，并用相应的关键词进行描述。通过视觉化的方式，管理者和员工可以更加清晰地认识到企业的历史、现状以及未来发展方向。

比如，在这个过程中，企业核心管理人员与创业者可以围绕某个特定主题进行头脑风暴，然后共同选择重要的事件，设计波峰浪谷图，并确定未来的发展方向，制定计划。这种方法不仅能够彰显企业的价值观，还可以提升员工的归属感，进一步激发团队的创新潜力，促进企业可持续发展。

四、企业文化推演地图

在企业文化的提炼过程中，选择适合的理论工具非常重要。其中比较实用的一个工具是POM管理过程，英文全称为Process of Management，简称POM，也称为管理流程或领导过程。这个管理模型是惠普公司提出来的，具有实用性和先进性。在POM理论中，惠普认为无论是大公司还是小工作组，都必须确立组织的目的，即组织存在的理由和目标。这一步是团队合作的基础，也是决策的依据和行动的激励因素。通过POM理论，企业可以实现组织中的各项要素的合理配合和有效管理。POM模型包括三个主要步骤：计划、实施和控制。在计划阶段，企业需要进行SWOT分析和明确组织目标。在实施阶段，企业需要通过资源分配和有效管理来实现计划。在控制阶段，企业需要通过监控和评估来确保计划的实施和达成目标。

POM模型应用广泛，具有灵活性和适应性。在实际应用过程中，企业可以根据自身的情况进行适当的调整和改进，以更好地实现企业文化的推导和提升。选择适合的理论工具对于企业实施文化提炼非常重要。POM管理过程是一个实用性和先进性都很强的工具，可以帮助企业更好地实现组织目标和管理效率的全面提升，POM工具推演如下：

（一）设定宗旨（使命）

明确公司外部或内部客户，从满足客户需求的角度来确定公司工作目标。基于公司目标，团队成员可以结合来自客户、公司及其他部门的信息，拟定清晰、有说服力、有客户导向、与公司目标相一致的宗旨和使命。

宗旨和使命定义了一个组织存在的理由和价值，以及长期努力的方向。它包含了组织的"为什么要做""为谁做""做什么""怎么做"四个基本问题。宗旨和使命通常由一段宽泛的、基本的、鼓舞人心的、具有持久力的句子组成。这句话从广义上确定组织提供的服务，说明企业存在的价值和意义。宗旨必须与全体成员达成一致并共享。

宗旨和使命具有决策的参考背景、合作的共同焦点、激励卓越、信念、专注和持续一致的根源等多种意义。通过宗旨和使命的设定，企业可以激发员工的向心力和创造力，同时也可以使组织更好地发展和成长。

以阿里巴巴的公司使命为例，"让天下没有难做的生意"，是一个非常具有激励性和可推广性的宗旨和使命，它突出了阿里巴巴服务的价值和意义，具有很强的号召力和吸引力。在这样的宗旨和使命的引领下，阿里巴巴的员工们不断创新、奋斗，将这个使命落实到具体的业务实践中，实现了企业的可持续发展和成长。

华为公司的使命是聚焦客户关注的挑战和压力，提供有竞争力的通信解决方案和服务，持续为客户创造最大价值。这个使命突出了华为关注客户需求、提供优质服务、实现客户价值的核心价值观，体现了华为追求服务卓越和客户共赢的发展方向。

而惠普公司的使命是为人类的幸福和发展做出技术贡献。这个使命体现了惠普公司的社会责任和使命感，旨在通过技术创新和发展，为推动人类社会的进步和发展做出积极贡献。

在公司确定宗旨的过程中，首先需要对客户进行分析，包括分析客户是谁、他们的主要需求、他们需要公司做什么等方面，以此为基础来确定公司的存在理由和价值。一般可以进行10分钟的思考和初拟，阐述宗旨的含义，并在团队中进行讨论和发言，以达成共识。

公司的宗旨是公司存在的核心价值和方向，是激励员工、推动企业发展的动力源泉。通过确立宗旨，企业可以在服务、产品及业务上有所区别，并为客户提供更有针对性的价值。

（二）设定共享的愿景

愿景定义了一个组织长期的目标和追求方向，是对未来的展望和梦想。它应该是一个生动的、激动人心的描述，超越当前，但仍然具有可行性。最好的愿景是看得见但摸不到的，它不仅能够激励和鼓舞员工，在带领组织前进的过程中还能够承诺未来的成功。

建立共享的愿景是非常重要的，因为它可以在所有成员之间建立共同的目标和信念，从而增强协作能力和团队合作精神。一个共享的愿景可以让团队成员充满期待，同时也可以赋予他们信心。领导者是建立共享愿景的重要推动力量，他们可以开拓出前所未有的思路和方法。他们的愿景可以带领组织朝着一个共同的目标前进，同时也可以激发员工的创新创造和追求卓越的动力。因此，领导者应该注重愿景的制定和传达，不断挑战极限并走向更加成功的未来。

一个生动的、前瞻性的共享愿景可以激励员工的积极性和创造力，增强协作能力和团队合作精神，并激发出组织的潜能和优势，从而实现更加卓越的业绩和阶段性的成功。下面是马丁·路德·金的案例。

马丁·路德·金（Martin Luther King），非裔美国人，出生于美国佐治亚州亚特兰大，牧师、社会活动家、美国黑人民权运动领袖。以下是其经典演讲《我有一个梦想》的节选：

所以，虽然我们面临着今天和明天的困难，但我仍然有一个梦想。它是深深地扎根在美国人脑海中的梦想之一。我有一个梦想，有一天这个国家将会崛起，生活在它信念的真正含义之中："我们认为这些真理是不言自明的：一切人都是平等的。"我有一个梦想，有一天在佐治亚州的红色小山上，前奴隶的儿子和前奴隶主的儿子将会在手足之情的桌子旁坐下来。我有一个梦想，有一天即使密西西比州——一个深受极度不公正压迫之害的荒漠之地，将改变成为一个自由和公正的绿洲。我有一个梦想，我的四个幼儿有一天将生活在这样一个国家，在那里人们将不根据他们的肤色，而是根据他们的品行来判断他们。我有一个梦想，有一天亚拉巴马州，它的州长现在满口说的是干涉和取消——将改变成这样一种局面，在那里黑人男孩和女孩将能够与白人男孩和女孩手挽着手，像兄弟姐妹那样一起散步。我梦想有一天，幽谷上升，高山下降；坎坷曲折之路成坦途，圣光披露，满照人间。这就是我们的希望。我怀着这种信念回到南方。有了这个信念，我们将能从绝望之岭劈出一块希望之石。有了这个信念，我们将能把这个国家刺耳的争吵声，改变成为一支洋溢手足之情的优美交响曲。

有了这个信念，我们将能一起工作，一起祈祷，一起斗争，一起坐牢，一起维护自由；因为我们知道，终有一天，我们是会自由的……

马丁·路德·金的梦想说出了广大黑人的心声，成为很多人的共同梦想。

以下是几个知名公司的愿景，它们都是对未来的生动描述。

华为的愿景是构建万物互联的智能世界，这突出了华为关注科技创新和社会进步的核心价值，体现了华为创新和服务卓越的发展方向。

阿里巴巴的愿景是活到 102 年，并成为一家好公司，这个愿景强调阿里巴巴对企业价值和使命的承诺，同时也关注企业的长期发展和业绩表现。另外，阿里巴巴还设立 2036 年的目标，包括服务 20 亿消费者，创造 1 亿个就业机会，帮助 1 000 万家中小企业盈利。这个目标充分体现了阿里巴巴在创新、服务和社会责任方面的追求和愿景。

惠普的愿景是构建"适应性网络"，以满足用户、应用以及企业的需要。这个愿景体现了惠普在 IT 行业中不断创新和超越自我，以提供更加高效和可靠的企业解决方案。

一个好的愿景能够激发员工积极性、赋予企业力量、推动企业不断创新和创造辉煌。它需要生动的、有前瞻性的，同时，愿景也需要与企业的使命和价值观相符合，以增强企业的信心和凝聚力。

企业如何明确自己的愿景？

明确企业自己的愿景对于企业的未来规划和发展是非常重要的。以下是企业如何明确愿景的几个关键点：

（1）确定企业的核心价值观和使命。一个企业的愿景需要与企业的核心价值观和使命相符合，以增强企业的信心和凝聚力。因此，企业需要明确自己的核心价值观和使命，以便为愿景的制定提供指导。

（2）研究市场和客户需求，强化企业的差异化。企业的愿景需要关注未来发展趋势和客户需求，以确保企业能够满足市场上不断变化的需求和挑战。因此，企业需要从市场和客户需求的角度出发，发掘自身的优势和差异化，并将其融入愿景中。

（3）以未来为导向，确立长期规划。一个好的愿景应该是具有长远性和可持续性的，能够引导企业朝着持久的目标和方向前进。因此，企业需要以未来为导向，结合行业趋势和内部优势，确立长期的规划和目标。

（4）确定具体可行的目标和计划。一个好的愿景应该是具体和可行的，需要配以详细的目标和计划。因此，企业需要根据愿景和长期规划，制定具体的目标和计划，并通过评估和监测来确保实施的可行性。

（三）设定共同的价值观

1. 建立共享愿景的关键行为就是核心价值观

在建立共享愿景的过程中，核心价值观是至关重要的，因为它们代表着一个团队或企业的基本信仰和价值观。以下是一些建立共享愿景的关键行为：

（1）确定团队相互关系中要坚持的关键价值观。一个团队中的成员需要共同确定他们相互之间要遵守和坚守的关键价值观，以增加团队的凝聚力和协作性。这些团队关系中的关键价值观可能包括诸如尊重、信任、诚实、透明等。

（2）拟定团队追求基础成就的共享价值观。除了团队内部，团队需要一起追求和维护什么是可接受的业务成就和成功的标准。这些价值观可以针对特定方面，例如为客户服务、产品/服务质量的自豪感等。

（3）尊重其他个人和团队带进业务关系中的价值观。每个团队成员都具有独特的价值观。团队领导者需要确保所有个人和团队的价值观都被尊重和平衡地考虑。

以上是建立共享愿景的关键行为，其中确定核心价值观是最关键的一项。这些价值观需要通过团队的共同努力和协作来维护和实现，以建立一个具有强大凝聚力和积极向上的团队或企业。

2. 建立共同价值观的意义

建立共同价值观对于一个团队或企业来说至关重要。它能够为团队成员提供一个共同的准则和标准，从而建立同事之间的信任。同时，共同的价值观也能鼓励团队成员更勇于承担风险，并更愿意尝试新方法。

通过共同价值观，团队成员会变得更勤于学习和成长，并更愿意全力以赴地追求杰出的成就。团队领导者可以授权赋能给每个员工，让他们感到自己的工作受到重视。

建立共同的价值观是团队或企业成功的关键因素之一。共同的价值观能够让团队成员建立起信任和合作的基础，进而追求更高的目标和协同工作。每个团队成员都必须遵守共同的价值观，并让其融入日常工作中。

如阿里巴巴以客户第一、员工第二和股东第三为核心价值观，并因此被广泛认可。这种价值观意味着企业以满足客户需求为首要任务，并将员工的需求放在其次，股东的利益则排在最后。这种价值观的背后信念是信任，因为阿里巴巴相信只有通过信任，才能建立简单并具有弹性的组织结构。虽然世界变化万千，但信任是任何时候都不会改变的。阿里巴巴还有一些其他的价值观，如"今天最好的表现是明天最低的要求"，这意味着团队成员必须在不断进步和成长的同时，为团队取得更好的成果而努力拼搏。"此时此刻，非我莫属"的口号则鼓励团队成员在每个时刻都要尽力做到最好。同时，"认真生活，快乐工作"也是阿里巴巴价值观的一部分。这意味着阿里巴巴相信，生活和工作必须相互平衡，才能让公司成为一个快乐的地方。

阿里巴巴通过建立这些价值观，成功地培养了一支忠诚、努力工作和对公司愿意做出贡献的团队。这些价值观提供了一个统一的标准和准则，让团队成员可以更容易地协同合作，从而向共同的目标迈进。

华为公司成功的背后离不开稳定的价值观。华为的价值观有五个方面：成就客户、艰苦奋斗、自我批判、团队合作和至诚守信。这些价值观共同构筑了华为的文化和企业形象。成就客户意味着华为专注于为客户提供最优质的服务；艰苦奋斗则代表团队成员有着愿意承担压力的精神；自我批判鼓励人们诚实面对自己的问题并努力改进；团队合作则是为了更好地实现共同目标；至诚守信要求团队成员与客户和合作伙伴之间建立起信任关系。

中海的价值观包括：诚信、创新、务实、求精。这些价值观深度融入中海的发展过程。诚信代表中海坚守诚信原则；创新则代表中海将创新作为推动企业转型的关键；务实鼓励团队成员实现在企业中工作的目标，这种务实风格体现在公司对员工的管理上，即注重培养实力和团队士气；求精则代表团队成员对中海的发展有志向和追求，并在追求中提高自己，为公司带来不断创新的力量。

共同价值观是企业文化的基础。建立明确的价值观能够为团队成员提供一个共享的目标和准则，并在相互合作的过程中取得成功。共同价值观鼓励团队成员在日常工作中养成良好的行为习惯，使团队成员能够更加积极地迎接各种挑战，为公司的发展贡献力量。

（四）制定共同的工作计划

为实现公司的长远发展，需要制定有效的计划并确定合适的资源。同时，为保证计划的可行性，必须经过宗旨、使命、愿景和价值观的评判。针对市场份额测算和经营计划，我们需要制定共同的计划，分解任务到各个部门，并确立正确的思路。之后，由人力资源部和品牌部组成小组继续讨论。我们将对公司的宗旨、使命、愿景、价值观等进行系统梳理，确保员工的行为落地，并规划相关活动落地。小组将在规定时间内提交相应的落地方案，由总经理监督实施，并设计公司文化墙，宣传公司文化。通过这些努力，我们相信公司将取得较好的发展，并赢得更多的市场份额。

五、不同层级管理者的行为考核

创始人和合伙人是公司的重要骨干，他们对待工作的态度和行为将成为员工学习的榜样。因此，他们必须以高标准要求自己，确保言行一致、守信誉，并且承诺将工作做好。

管理层员工也必须具备高素质，要严格遵守各种制度规定，与其他部门进行良好的协调和沟通，并且展现出对公司内部正向积极引导的领导力，创造良好的团队氛围。对于上级领导的意见和情绪，不宜过分解读或向下传递负面情绪，在工作中要始终从事实出发。

同时，管理层员工还需要在自己的岗位上，体现出对公司价值观的理解和践行，用行为来展现公司使命和价值观。此外，他们还应引导团队，发挥自我表率作用，促进团队的合作和进步。总之，管理层员工的行为体现了公司的工作态度和精神风貌，将成为公司成功的关键因素之一。

企业的文化考核对于企业管理具有很大的引导作用。其中，价值观的考核是对企业文化行为考核的最佳体现。但并不是每家企业都适合使用这种考核方式。企业所处的行业、不同的阶段都会对适用性产生影响。在企业成熟阶段，或者在成长阶段，外部环境比较好或有资本注入的时候，使用价值观考核较为适宜。而在初创阶段，不建议使用价值观考核。在企业衰退阶段使用价值观考核则比较合适。

论述题：

1. 绩效管理如何与企业文化关联？

2. 企业文化如何提炼？

3. 波峰浪谷图在企业文化提炼中有什么作用？

4. 企业的宗旨如何提取？

5. 企业文化对企业发展有什么作用？

6. 管理者应如何展现企业文化?

7. 企业文化氛围该从哪些方面提升？谈谈你的想法。